BRIAN GAGG

WORTSUCHRÄTSEL 3 in 1 SAMMELBAND

EISHOCKEY, FELDHOCKEY und SKISPORT

Bibliografische Information der Deutschen Nationalbibliothek:
Die Deutsche Nationalbibliothek verzeichnet diese Publikation in der Deutschen Nationalbibliografie; detaillierte bibliografische Daten sind im Internet über http://dnb.dnb.de abrufbar.

Herstellung und Verlag: BoD – Books on Demand, Norderstedt
ISBN: 9783755700807

Inhaltsangabe Seite

Einleitung

Auf den folgenden Seiten finden sich thematisch sortierte Wortsuchrätsel.
Um ein Wortsuchrätsel zu lösen, müssen alle jeweils aufgelisteten Worte in der darüber befindlichen Buchstabenmatrix gefunden werden. Ist ein Wort gefunden, sollte es mit einem Stift umkreist und das gefundene Wort aus der Liste gestrichen werden. Sind alle Worte aus der Liste gefunden, ist das Rätsel gelöst. Bei Schwierigkeiten ein Rätsel zu lösen, kann die Lösung jeweils auf der Rückseite nachgeschaut werden. Die zu findenden Worte sind jeweils als ganzes (d.h. immer nur in einer Richtung und ungebrochen) in der Matrix nach folgenden Regeln versteckt:

- Suchworte können sich überlagern, d.h. ein Buchstabenkästchen kann von mehreren Suchworten genutzt sein.

- Worte können vorwärts, rückwärts, horizontal, vertikal oder diagonal in der Matrix versteckt sein.

- Suchworte stehen für sich alleine und sind unter- oder nebeneinander aufgelistet.

L	Q	G	X	J	Q	J	H	G	L	J	M	V	N	R	O	X	M	I
E	T	J	A	L	S	Z	H	A	A	K	R	V	S	P	H	A	E	O
Y	H	S	F	C	U	W	N	U	V	Z	S	H	Z	Y	E	A	U	J
Z	Y	W	U	B	J	O	G	X	I	S	Y	I	O	I	W	Z	U	Y
U	K	V	N	L	U	G	J	U	P	A	V	F	N	C	G	I	M	N
Y	D	U	A	R	R	O	J	I	Z	C	J	I	U	O	Q	E	Y	M
I	B	S	W	Y	L	E	E	M	C	S	L	Y	L	O	B	I	V	G
K	A	A	A	S	C	L	V	T	O	L	S	M	S	B	U	M	X	T
E	U	B	Y	X	M	Y	G	K	E	H	N	M	T	L	W	Y	A	C
T	A	W	C	A	F	R	L	T	C	P	V	Q	R	A	L	N	W	Z
L	V	H	C	S	U	W	T	Y	I	U	Z	P	A	U	C	G	B	L
Y	G	H	K	W	K	I	Q	E	I	J	P	W	F	E	Q	A	C	O
B	E	Z	K	T	M	L	F	S	H	Y	E	B	Z	L	Y	G	B	M
R	Q	F	L	H	V	D	H	H	H	A	L	N	E	I	N	F	F	W
U	W	O	R	G	S	Q	D	M	A	S	Y	X	I	N	Q	Q	J	Z
H	H	F	E	J	J	U	W	T	Y	E	W	F	T	I	E	D	D	L
J	O	J	N	Q	Z	E	Z	F	X	Q	M	J	K	E	S	I	H	X
B	V	E	I	C	J	R	H	M	X	Z	I	A	I	U	Q	N	Y	F
F	Y	F	L	V	T	L	Z	S	R	S	E	B	E	K	M	H	S	J
P	L	E	E	N	P	A	O	V	L	S	Q	S	K	H	T	R	W	C
F	K	B	U	M	O	T	N	W	I	V	S	Y	I	Y	Y	K	Q	Z
C	V	N	L	O	C	T	E	Z	O	Z	D	V	M	Y	L	N	Q	M
O	W	B	B	J	J	E	W	X	B	T	J	A	Q	F	I	K	F	Z
S	N	X	S	Y	A	W	A	K	A	E	R	B	U	R	A	J	K	S

1

STRAFZEIT	BLAUELINIE
QUERLATTE	ZONE
PUCKVERLUST	MITTELLINIE
ZAMBONI	BLUELINER
BREAKAWAYS	SPIELMACHER

Lösung

L	Q	G	X	J	Q	J	H	G	L	J	M	V	N	R	O	X	M	I
E	T	J	A	L	S	Z	H	A	A	K	R	V	S	P	H	A	E	O
Y	H	S	F	C	U	W	N	U	V	Z	S	H	Z	Y	E	A	U	J
Z	Y	W	U	B	J	O	G	X	I	S	Y	I	O	I	W	Z	U	Y
U	K	V	N	L	U	G	J	U	P	A	V	F	N	C	G	I	M	N
Y	D	U	A	R	R	O	J	I	Z	C	J	I	U	O	Q	E	Y	M
I	B	S	W	Y	L	E	E	M	C	S	L	Y	L	O	B	I	V	G
K	A	A	A	S	C	L	V	T	O	L	S	M	S	B	U	M	X	T
E	U	B	Y	X	M	Y	G	K	E	H	N	M	T	L	W	Y	A	C
T	A	W	C	A	F	R	L	T	C	P	V	Q	R	A	L	N	W	Z
L	V	H	C	S	U	W	T	Y	I	U	Z	P	A	U	C	G	B	L
Y	G	H	K	W	K	I	Q	E	I	J	P	W	F	E	Q	A	C	O
B	E	Z	K	T	M	L	F	S	H	Y	E	B	Z	L	Y	G	B	M
R	Q	F	L	H	V	D	H	H	H	A	L	N	E	I	N	F	F	W
U	W	O	R	G	S	Q	D	M	A	S	Y	X	I	N	Q	Q	J	Z
H	H	F	E	J	J	U	W	T	Y	E	W	F	T	I	E	D	D	L
J	O	J	N	Q	Z	E	Z	F	X	Q	M	J	K	E	S	I	H	X
B	V	E	I	C	J	R	H	M	X	Z	I	A	I	U	Q	N	Y	F
F	Y	F	L	V	T	L	Z	S	R	S	E	B	E	K	M	H	S	J
P	L	E	E	N	P	A	O	V	L	S	Q	S	K	H	T	R	W	C
F	K	B	U	M	O	T	N	W	I	V	S	Y	I	Y	Y	K	Q	Z
C	V	N	L	O	C	T	E	Z	O	Z	D	V	M	Y	L	N	Q	M
O	W	B	B	J	J	E	W	X	B	T	J	A	Q	F	I	K	F	Z
S	N	X	S	Y	A	W	A	K	A	E	R	B	U	R	A	J	K	S

S	Q	M	Y	S	D	C	M	K	A	L	V	Q	O	T	Z	N	V	E
N	P	Y	L	L	O	I	G	G	X	J	X	X	A	K	B	G	S	G
X	V	O	T	D	J	M	A	V	B	C	V	T	A	N	X	J	D	W
N	F	U	E	U	L	A	W	N	N	Y	X	Z	J	L	S	L	Z	F
X	J	K	C	G	R	W	Y	G	B	C	L	N	L	T	S	B	A	L
T	V	I	D	K	L	F	V	X	I	X	N	Q	A	T	X	N	V	Y
B	E	Z	G	X	V	C	J	L	O	T	N	T	U	I	G	L	E	F
P	P	N	E	I	R	H	E	U	M	E	I	E	H	H	T	S	F	T
A	U	R	Q	P	B	L	K	I	A	S	R	Q	A	T	R	H	O	K
R	B	U	I	E	U	K	F	X	T	M	O	N	C	E	H	M	O	T
Q	D	S	R	E	P	H	C	I	E	I	D	G	J	E	Z	A	W	W
S	J	X	E	M	R	B	K	R	T	S	C	Y	R	A	L	G	L	P
E	P	K	M	I	Z	E	K	U	C	G	U	N	Y	J	T	X	V	O
U	A	U	S	T	T	B	T	H	Q	Y	E	R	M	C	D	A	K	T
U	K	J	J	R	N	S	U	S	M	Y	L	T	Y	J	E	P	D	N
F	F	Y	I	E	H	H	B	X	O	X	U	U	T	B	L	M	T	Q
I	F	M	N	V	Z	C	O	T	L	R	G	J	B	E	V	J	R	E
I	I	L	H	O	X	H	D	T	R	O	K	A	Y	L	A	E	I	X
B	W	F	S	E	B	R	O	W	R	S	B	K	M	I	E	J	K	R
T	B	R	O	H	V	R	Q	B	Y	L	W	W	L	H	P	H	O	I
T	O	I	R	G	Q	L	C	Y	B	X	K	I	E	N	E	K	L	L
N	M	Q	Q	T	X	E	Q	R	E	S	T	A	D	I	V	I	N	G
M	E	V	C	W	K	O	N	G	A	U	A	I	X	V	A	D	Z	T
A	Q	U	Y	W	I	K	H	C	A	P	A	B	Y	C	C	F	H	D

FANGHANDSCHUH
ROSTER
TOR
STATISTIK
JERSEY

OVERTIME
STUERMER
ABSEITS
DIVING
NET

Lösung

S	Q	M	Y	S	D	C	M	K	A	L	V	Q	O	T	Z	N	V	E
N	P	Y	L	L	O	I	G	G	X	J	X	X	A	K	B	G	S	G
X	V	O	T	D	J	M	A	V	B	C	V	T	A	N	X	J	D	W
N	F	U	E	U	L	A	W	N	N	Y	X	Z	J	L	S	L	Z	F
X	J	K	C	G	R	W	Y	G	B	C	L	N	L	T	S	B	A	L
T	V	I	D	K	L	F	V	X	I	X	N	Q	A	T	X	N	V	Y
B	E	Z	G	X	V	C	J	L	O	T	N	T	U	I	G	L	E	F
P	P	N	E	I	R	H	E	U	M	E	I	E	H	H	T	S	F	T
A	U	R	Q	P	B	L	K	I	A	S	R	Q	A	T	R	H	O	K
R	B	U	I	E	U	K	F	X	T	M	O	N	C	E	H	M	O	T
Q	D	S	R	E	P	H	C	I	E	I	D	G	J	E	Z	A	W	W
S	J	X	E	M	R	B	K	R	T	S	C	Y	R	A	L	G	L	P
E	P	K	M	I	Z	E	K	U	C	G	U	N	Y	J	T	X	V	O
U	A	U	S	T	T	B	T	H	Q	Y	E	R	M	C	D	A	K	T
U	K	J	J	R	N	S	U	S	M	Y	L	T	Y	J	E	P	D	N
F	F	Y	I	E	H	H	B	X	O	X	U	U	T	B	L	M	T	Q
I	F	M	N	V	Z	C	O	T	L	R	G	J	B	E	V	J	R	E
I	I	L	H	O	X	H	D	T	R	O	K	A	Y	L	A	E	I	X
B	W	F	S	E	B	R	O	W	R	S	B	K	M	I	E	J	K	R
T	B	R	O	H	V	R	Q	B	Y	L	W	W	L	H	P	H	O	I
T	O	I	R	G	Q	L	C	Y	B	X	K	I	E	N	E	K	L	L
N	M	Q	Q	T	X	E	Q	R	E	S	T	A	D	I	V	I	N	G
M	E	V	C	W	K	O	N	G	A	U	A	I	X	V	A	D	Z	T
A	Q	U	Y	W	I	K	H	C	A	P	A	B	Y	C	C	F	H	D

S	P	I	E	L	P	H	A	S	E	I	L	I	Z	X	C	Y	V	F
S	E	Q	N	R	D	R	I	M	A	U	R	W	R	U	C	W	H	U
G	J	E	W	C	B	L	M	J	D	C	Y	B	H	X	M	Q	D	M
C	I	M	F	I	V	J	P	H	O	K	W	G	O	X	Q	E	G	R
L	D	H	C	Y	V	K	Y	I	C	V	A	L	L	C	O	R	D	A
D	P	J	B	N	P	Q	O	H	N	M	D	T	D	G	E	K	U	A
E	D	M	D	I	C	N	H	Q	E	U	Z	J	I	T	L	S	X	V
R	P	B	O	K	D	A	C	T	U	J	I	Y	N	I	S	J	V	K
E	Z	E	K	H	R	J	Y	E	D	N	J	E	G	C	Q	Y	B	C
I	K	W	Y	E	U	I	J	U	D	Z	C	O	H	Z	B	X	A	P
H	U	K	G	R	N	I	Y	I	A	R	Y	L	Q	T	U	I	V	Z
Z	D	N	I	G	Z	P	O	S	N	N	U	D	W	Y	L	I	I	L
L	I	U	G	M	S	Z	U	L	N	S	Y	B	C	X	Z	W	U	C
W	O	O	O	C	E	F	N	C	S	K	W	A	S	W	L	R	D	K
V	A	G	G	P	G	P	I	S	K	Q	W	L	S	A	N	A	J	K
L	C	N	A	I	R	Y	Y	V	X	B	B	A	N	W	M	Q	V	I
I	F	R	R	I	C	Z	D	M	M	F	E	H	K	C	R	G	I	K
U	T	I	J	E	F	Z	C	A	C	F	F	S	Z	V	C	S	Z	P
I	Y	E	N	C	L	S	A	F	P	Q	T	W	I	S	B	H	E	X
H	U	L	E	B	O	M	B	X	J	M	Z	I	S	T	E	K	Y	R
O	K	Z	W	D	N	V	W	F	F	V	C	X	D	K	Z	B	P	J
O	X	Q	B	Z	C	X	P	L	A	Y	M	A	K	E	R	Y	E	U
P	I	A	K	N	X	H	W	J	S	W	Z	N	N	V	Z	Y	Q	N
J	T	P	E	Q	H	C	U	S	R	E	V	S	S	U	H	C	S	J

SCHUSSVERSUCH
WINGER
PLAYMAKER
SPIELPHASE
TRAPEZOID

GAMETYINGGOAL
AUSSCHLUSS
HOLDING
CENTER
PUCKBESITZ

Lösung

S P I E L P H A S E I L I Z X C Y V F
S E Q N R D R I M A U R W R U C W H U
G J E W C B L M J D C Y B H X M Q D M
C I M F I V J P H O K W G O X Q E G R
L D H C Y V K Y I C V A L L C O R D A
D P J B N P Q O H N M D T D G E K U A
E D M D I C N H Q E U Z J I T L S X V
R P B O K D A C T U J I Y N I S J V K
E Z E K H R J Y E D N J E G C Q Y B C
I K W Y E U I J U D Z C O H Z B X A P
H U K G R N I Y I A R Y L Q T U I V Z
Z D N I G Z P O S N N U D W Y L I I L
L I U G M S Z U L N S Y B C X Z W U C
W O O O C E F N C S K W A S W L R D K
V A G G P G P I S K Q W L S A N A J K
L C N A I R Y Y V X B B A N W M Q V I
I F R R I C Z D M M F E H K C R G I K
U T I J E F Z C A C F F S Z V C S Z P
I Y E N C L S A F P Q T W I S B H E X
H U L E B O M B X J M Z I S T E K Y R
O K Z W D N V W F F V C X D K Z B P J
O X Q B Z C X P L A Y M A K E R Y E U
P I A K N X H W J S W Z N N V Z Y Q N
J T P E Q H C U S R E V S S U H C S J

C	N	W	G	C	R	H	S	S	A	K	T	E	X	P	B	M	M	G
P	B	D	V	K	U	L	I	D	P	V	T	B	O	K	E	C	X	S
Y	A	F	G	Y	E	Y	E	L	S	P	U	S	K	G	H	K	K	X
N	Z	V	E	J	Z	W	R	C	C	R	K	S	S	Y	T	U	P	S
S	A	C	K	I	R	X	G	C	V	Y	T	P	U	F	Y	G	C	P
M	H	Q	T	E	U	F	O	X	T	A	L	X	I	L	I	O	H	I
D	S	S	I	K	K	L	D	A	R	A	S	H	M	Q	W	X	B	E
I	K	X	U	U	M	A	V	T	A	T	S	F	B	K	L	N	J	L
Y	J	A	Y	R	L	B	I	V	D	J	R	O	C	I	R	P	Y	E
S	J	J	R	P	K	N	T	A	C	Z	U	T	P	C	G	P	V	R
L	C	P	E	C	G	C	K	S	S	N	W	L	T	K	U	X	Z	W
S	I	X	U	S	G	L	E	Z	P	P	D	G	B	P	G	M	C	E
D	Q	V	A	W	G	A	V	H	Z	I	T	W	G	L	D	J	U	C
K	M	W	D	X	F	T	P	Y	C	N	N	A	Q	A	E	F	Z	H
R	B	X	L	S	B	O	B	Y	G	K	O	O	Y	T	I	C	E	S
E	S	U	E	N	V	Q	T	T	N	M	C	V	R	E	A	E	I	E
T	P	W	I	W	V	E	O	T	S	R	X	A	G	A	N	Y	K	L
A	I	G	P	I	Z	C	E	T	K	J	U	P	B	Y	M	O	W	C
K	E	G	S	Z	Z	K	J	U	P	C	C	T	B	B	Q	A	S	V
S	L	O	X	E	L	E	A	G	I	W	G	Q	Q	E	A	J	L	L
W	E	O	X	P	G	Q	S	B	L	I	B	F	E	D	S	L	Q	V
W	R	T	D	S	X	J	J	V	Q	M	F	D	F	C	R	F	M	L
P	E	C	O	H	C	T	E	T	G	B	E	X	S	U	E	G	S	L
T	M	A	D	K	S	K	N	Q	S	M	T	B	A	A	G	J	M	D

SHIFT
SPIELDAUER
SKATER
BACKCHECKRUSH
SPIELERWECHSEL

SPINORAMA
STARTING SIX
KURZE ECKE
SPIELER
KICKPLATE

Lösung

C	N	W	G	C	R	H	S	S	A	K	T	E	X	P	B	M	M	G
P	B	D	V	K	U	L	I	D	P	V	T	B	O	K	E	C	X	S
Y	A	F	G	Y	E	Y	E	L	S	P	U	S	K	G	H	K	K	X
N	Z	V	E	J	Z	W	R	C	C	R	K	S	S	Y	T	U	P	S
S	A	C	K	I	R	X	G	C	V	Y	T	P	U	F	Y	G	C	P
M	H	Q	T	E	U	F	O	X	T	A	L	X	I	L	I	O	H	I
D	S	S	I	K	K	L	D	A	R	A	S	H	M	Q	W	X	B	E
I	K	X	U	U	M	A	V	T	A	T	S	F	B	K	L	N	J	L
Y	J	A	Y	R	L	B	I	V	D	J	R	O	C	I	R	P	Y	E
S	J	J	R	P	K	N	T	A	C	Z	U	T	P	C	G	P	V	R
L	C	P	E	C	G	C	K	S	S	N	W	L	T	K	U	X	Z	W
S	I	X	U	S	G	L	E	Z	P	P	D	G	B	P	G	M	C	E
D	Q	V	A	W	G	A	V	H	Z	I	T	W	G	L	D	J	U	C
K	M	W	D	X	F	T	P	Y	C	N	N	A	Q	A	E	F	Z	H
R	B	X	L	S	B	O	B	Y	G	K	O	O	Y	T	I	C	E	S
E	S	U	E	N	V	Q	T	T	N	M	C	V	R	E	A	E	I	E
T	P	W	I	W	V	E	O	T	S	R	X	A	G	A	N	Y	K	L
A	I	G	P	I	Z	C	E	T	K	J	U	P	B	Y	M	O	W	C
K	E	G	S	Z	Z	K	J	U	P	C	C	T	B	B	Q	A	S	V
S	L	O	X	E	L	E	A	G	I	W	G	Q	Q	E	A	J	L	L
W	E	O	X	P	G	Q	S	B	L	I	B	F	E	D	S	L	Q	V
W	R	T	D	S	X	J	J	V	Q	M	F	D	F	C	R	F	M	L
P	E	C	O	H	C	T	E	T	G	B	E	X	S	U	E	G	S	L
T	M	A	D	K	S	K	N	Q	S	M	T	B	A	A	G	J	M	D

X	S	S	P	N	U	I	U	A	V	M	S	W	U	K	W	F	N	D
Z	Z	C	O	H	C	B	P	X	M	A	R	S	L	X	Z	F	B	E
V	C	S	S	M	S	M	Z	P	F	F	I	E	Q	U	U	I	Q	U
J	W	V	Q	T	B	I	Y	E	N	P	C	E	M	M	T	H	P	P
P	H	X	B	G	A	J	G	S	H	L	E	M	F	M	Y	Q	P	Z
Y	T	D	X	V	H	Y	K	W	M	Y	J	L	Q	M	Z	A	M	A
P	S	P	R	J	O	A	U	F	B	A	U	P	A	S	S	B	Z	C
D	K	B	X	K	O	U	S	Q	S	T	D	H	T	M	N	R	F	A
C	W	L	M	T	K	F	A	N	G	Q	U	O	T	E	E	S	T	M
D	D	U	A	Q	I	J	E	V	T	Y	R	K	S	F	G	V	Q	K
J	V	G	Q	Z	N	L	L	N	R	E	Q	I	R	M	B	U	U	A
O	O	B	V	I	G	D	A	H	D	I	A	L	N	X	R	F	Z	J
B	Y	F	M	Y	F	I	H	V	V	V	J	M	J	I	W	Y	N	L
G	J	U	J	Q	V	T	M	H	U	N	P	X	C	P	F	P	W	S
B	N	K	B	J	T	O	I	Y	E	F	K	M	P	H	E	T	E	D
G	K	F	F	U	W	M	R	D	L	X	G	F	P	Z	X	F	E	X
E	L	Y	V	C	J	P	G	L	F	V	D	Q	L	I	W	A	U	W
F	E	D	W	L	N	Q	D	W	A	A	K	S	B	E	P	U	U	K
J	M	A	Q	H	H	C	H	G	A	G	G	O	N	K	E	E	R	L
S	O	O	X	Q	F	Q	Q	M	L	Z	E	A	L	V	E	A	O	I
V	H	R	W	Z	G	P	I	U	L	I	E	J	P	M	F	Z	D	L
C	J	V	T	R	A	W	R	O	T	Z	T	A	S	R	E	E	I	Z
O	R	K	E	D	I	S	F	F	O	K	Q	Z	N	Q	E	Z	V	T
J	K	Q	L	K	L	F	Z	Y	P	X	T	O	Y	K	F	Z	L	F

KUFE
HOOKING
AUFBAUPASS
PIPE
ROAD TEAM

FANGQUOTE
VORLAGE
OFFSIDE
ERSATZTORWART
STAY AT HOME

Lösung

X S S P N U I U A V M S W U K W F N D
Z Z C O H C B P X M A R S L X Z F B E
V C S S M S M Z P F F I E Q U U I Q U
J W V Q T B I Y E N P C E M M T H P P
P H X B G A J G S H L E M F M Y Q P Z
Y T D X V H Y K W M Y J L Q M Z A M A
P S P R J O A U F B A U P A S S B Z C
D K B X K O U S Q S T D H T M N R F A
C W L M T K F A N G Q U O T E E S T M
D D U A Q I J E V T Y R K S F G V Q K
J V G Q Z N L L N R E Q I R M B U U A
O O B V I G D A H D I A L N X R F Z J
B Y F M Y F I H V V V J M J I W Y N L
G J U J Q V T M H U N P X C P F P W S
B N K B J T O I Y E F K M P H E T E D
G K F F U W M R D L X G F P Z X F E X
E L Y V C J P G L F V D Q L I W A U W
F E D W L N Q D W A A K S B E P U U K
J M A Q H H C H G A G G O N K E E R L
S O O X Q F Q Q M L Z E A L V E A O I
V H R W Z G P I U L I E J P M F Z D L
C J V T R A W R O T Z T A S R E E I Z
O R K E D I S F F O K Q Z N Q E Z V T
J K Q L K L F Z Y P X T O Y K F Z L F

E	P	C	Z	N	J	H	F	H	Y	S	U	X	H	G	M	O	N	A
W	R	I	S	T	S	H	O	T	B	W	O	J	G	I	B	T	Z	O
K	Q	N	W	T	P	V	B	O	U	N	B	R	N	U	J	T	F	S
N	A	S	C	P	P	B	E	H	L	R	D	O	Q	X	O	D	R	Q
K	X	Z	A	S	S	I	S	T	L	Z	F	H	U	M	N	E	V	A
T	D	X	H	Y	R	D	R	I	Y	X	D	W	Z	X	L	E	B	Q
Q	P	Z	S	C	Y	N	V	D	P	X	T	B	G	E	U	I	Q	Q
T	J	T	Z	K	E	H	H	S	E	B	N	N	I	M	A	U	W	N
S	K	P	Q	O	P	M	H	T	A	M	I	P	N	M	Q	X	B	Y
E	O	E	J	D	C	Z	I	T	C	K	S	T	K	U	L	I	Q	A
X	A	H	I	L	A	R	V	X	C	R	Z	L	E	A	F	X	H	X
T	C	A	U	B	F	V	B	A	H	C	D	O	B	R	Z	O	N	E
K	Q	L	A	B	J	S	T	E	H	C	H	X	Q	R	S	U	A	H
U	K	R	X	H	H	T	W	Z	O	N	E	Q	D	O	R	O	L	A
S	G	O	J	G	A	B	B	J	T	I	T	E	L	T	I	H	N	X
Z	U	W	U	H	A	Q	A	N	B	O	H	L	R	X	G	U	C	E
E	O	X	I	E	Q	A	F	H	C	H	R	Q	M	H	G	A	Z	S
D	A	N	K	I	B	Q	F	E	G	A	G	N	T	X	T	B	F	W
O	N	P	X	M	X	F	Q	T	M	Y	T	L	A	N	E	P	U	C
E	N	O	Z	S	F	F	I	R	G	N	A	P	X	V	C	L	L	Y
S	C	H	U	S	S	R	F	J	D	B	I	I	Q	K	G	E	Z	Z
C	Y	N	F	L	Q	Z	O	B	V	U	L	Y	S	I	B	T	M	H
J	H	O	C	I	O	H	T	J	Y	G	V	Y	P	Y	P	K	C	X
I	E	A	O	P	U	C	K	M	V	M	L	V	K	X	C	M	M	H

PENALTY SCHUSS
ATTACKING ZONE
THREE ON ONE
BULLY
ASSIST
ABWEHRSPIELER
WRISTSHOT
ANGRIFFSZONE
PUCK
TORRAUM

Lösung

E P C Z N J H F H Y S U X H G M O N A
W R I S T S H O T B W O J G I B T Z O
K Q N W T P V B O U N B R N U J T F S
N A S C P P B E H L R D O Q X O D R Q
K X Z A S S I S T L Z F H U M N E V A
T D X H Y R D R I Y X D W Z X L E B Q
Q P Z S C Y N V D P X T B G E U I Q Q
T J T Z K E H H S E B N N I M A U W N
S K P Q O P M H T A M I P N M Q X B Y
E O E J D C Z I T C K S T K U L I Q A
X A H I L A R V X C R Z L E A F X H X
T C A U B F V B A H C D O B R Z O N E
K Q L A B J S T E H C H X Q R S U A H
U K R X H H T W Z O N E Q D O R O L A
S G O J G A B B J T I T E L T I H N X
Z U W U H A Q A N B O H L R X G U C E
E O X I E Q A F H C H R Q M H G A Z S
D A N K I B Q F E G A G N T X T B F W
O N P X M X F Q T M Y T L A N E P U C
E N O Z S F F I R G N A P X V C L L Y
S C H U S S R F J D B I I Q K G E Z Z
C Y N F L Q Z O B V U L Y S I B T M H
J H O C I O H T J Y G V Y P Y P K C X
I E A O P U C K M V M L V K X C M M H

O	I	G	P	Q	A	U	Z	E	J	D	T	F	L	X	K	S	X	E
W	M	M	N	T	D	E	E	H	Y	G	K	V	Y	N	M	D	W	D
S	U	U	P	P	J	K	J	I	N	W	C	O	O	L	I	I	H	C
S	T	W	Y	U	N	I	Z	I	K	C	X	O	Z	J	S	R	Z	U
C	J	I	J	M	H	Y	R	J	V	P	P	W	B	Q	B	B	Q	E
H	K	X	R	G	A	A	Z	D	E	I	L	A	O	G	X	F	L	S
N	D	J	G	X	E	T	F	F	N	G	Z	V	Z	N	A	I	A	R
E	Y	H	K	L	I	O	E	N	Y	B	Z	C	X	N	M	U	V	N
L	H	L	C	X	J	F	L	O	K	S	Y	N	G	X	H	M	F	N
L	G	T	H	O	Y	M	D	I	C	C	X	H	B	M	B	F	R	R
A	O	E	P	V	Q	A	S	T	X	D	A	Q	E	T	Q	E	W	U
N	H	C	F	R	Y	Q	P	A	P	N	W	Y	C	U	B	S	I	N
G	A	F	O	B	G	M	I	U	D	N	Q	J	J	O	A	F	N	P
R	O	J	J	L	O	O	E	T	G	W	Q	U	X	T	M	S	X	T
I	A	T	N	J	U	Z	L	I	R	R	Q	N	V	O	Q	P	W	R
F	L	I	F	I	K	C	E	S	Y	U	R	R	Q	O	U	E	M	Y
F	V	X	D	U	Y	A	R	L	M	G	J	E	O	H	O	R	A	A
A	K	E	N	P	C	Q	N	E	N	Y	K	G	P	S	R	R	J	W
X	D	Q	L	O	O	F	A	I	W	A	N	T	P	P	T	E	C	B
W	U	T	Q	U	V	V	L	P	Y	M	Q	O	Z	I	A	B	F	L
G	S	D	Y	S	H	L	T	S	B	I	I	U	D	K	W	R	H	P
N	T	W	Y	A	I	V	N	U	L	T	Z	B	C	P	S	U	T	D
H	U	M	I	K	C	V	L	Y	T	L	A	N	E	P	Q	I	M	L
D	H	D	W	K	B	Q	P	N	D	Z	J	V	B	F	D	Y	X	T

GOALIE
FELDSPIELER
SPIELSITUATION
SHOOTOUT
SPERRE
SCHNELLANGRIFF
PENALTY KILLING
FANGHAND
TRAPPER
CLEARING

Lösung

O	I	G	P	Q	A	U	Z	E	J	D	T	F	L	X	K	S	X	E
W	M	M	N	T	D	E	E	H	Y	G	K	V	Y	N	M	D	W	D
S	U	U	P	P	J	K	J	I	N	W	C	O	O	L	I	I	H	C
S	T	W	Y	U	N	I	Z	I	K	C	X	O	Z	J	S	R	Z	U
C	J	I	J	M	H	Y	R	J	V	P	P	W	B	Q	B	B	Q	E
H	K	X	R	G	A	A	Z	D	E	I	L	A	O	G	X	F	L	S
N	D	J	G	X	E	T	F	F	N	G	Z	V	Z	N	A	I	A	R
E	Y	H	K	L	I	O	E	N	Y	B	Z	C	X	N	M	U	V	N
L	H	L	C	X	J	F	L	O	K	S	Y	N	G	X	H	M	F	N
L	G	T	H	O	Y	M	D	I	C	C	X	H	B	M	B	F	R	R
A	O	E	P	V	Q	A	S	T	X	D	A	Q	E	T	Q	E	W	U
N	H	C	F	R	Y	Q	P	A	P	N	W	Y	C	U	B	S	I	N
G	A	F	O	B	G	M	I	U	D	N	Q	J	J	O	A	F	N	P
R	O	J	J	L	O	O	E	T	G	W	Q	U	X	T	M	S	X	T
I	A	T	N	J	U	Z	L	I	R	R	Q	N	V	O	Q	P	W	R
F	L	I	F	I	K	C	E	S	Y	U	R	R	Q	O	U	E	M	Y
F	V	X	D	U	Y	A	R	L	M	G	J	E	O	H	O	R	A	A
A	K	E	N	P	C	Q	N	E	N	Y	K	G	P	S	R	R	J	W
X	D	Q	L	O	O	F	A	I	W	A	N	T	P	P	T	E	C	B
W	U	T	Q	U	V	V	L	P	Y	M	Q	O	Z	I	A	B	F	L
G	S	D	Y	S	H	L	T	S	B	I	I	U	D	K	W	R	H	P
N	T	W	Y	A	I	V	N	U	L	T	Z	B	C	P	S	U	T	D
H	U	M	I	K	C	V	L	Y	T	L	A	N	E	P	Q	I	M	L
D	H	D	W	K	B	Q	P	N	D	Z	J	V	B	F	D	Y	X	T

D	R	A	F	T	P	U	Y	X	N	B	H	H	Y	V	T	P	A	X
N	E	C	N	J	F	T	Q	E	X	I	X	Y	G	Z	P	H	C	E
M	Y	F	X	C	F	C	T	A	J	J	N	X	G	Q	T	W	P	T
R	M	S	H	E	W	U	E	N	S	I	V	M	R	B	S	U	V	U
K	N	I	I	Q	B	D	U	C	Y	Z	C	L	K	U	K	M	T	A
B	O	P	T	C	I	N	N	J	B	J	A	K	Q	K	K	X	L	H
R	E	P	K	X	Z	O	U	A	B	S	C	H	I	R	M	E	N	U
R	G	O	N	V	G	C	P	J	M	X	W	L	E	M	T	U	Y	H
D	R	W	G	H	D	S	Y	T	Z	K	V	D	U	T	A	L	N	M
S	O	E	B	I	I	I	T	T	J	N	D	H	I	D	B	G	A	R
B	T	R	J	D	W	M	Y	D	L	G	B	R	G	T	A	J	N	R
R	S	P	Q	U	J	L	V	E	X	A	D	Y	R	H	O	O	A	S
E	E	L	K	V	F	W	M	O	Q	L	N	C	T	R	B	G	P	D
D	G	A	X	U	R	M	I	X	E	U	O	E	U	Y	A	W	S	A
N	E	Y	X	R	Q	Z	Q	T	X	L	D	I	P	E	C	R	L	M
A	I	M	M	I	J	J	T	G	A	P	A	R	P	F	K	X	B	Q
H	S	T	I	B	L	I	K	T	Y	F	A	Z	C	K	H	C	D	S
K	K	U	P	W	M	L	M	I	Y	O	Q	C	A	M	A	B	M	I
C	R	W	K	U	T	D	Z	S	F	K	N	S	U	K	N	E	P	S
A	C	X	V	C	G	C	D	B	M	N	E	Z	Q	X	D	W	H	R
B	B	A	J	P	Z	J	F	Q	M	G	J	E	O	O	H	O	G	T
U	Z	C	N	J	E	M	L	Y	D	P	G	T	W	A	T	K	O	Y
K	V	V	E	W	Y	J	X	C	O	G	O	D	C	Q	V	C	R	B
H	O	W	M	E	N	X	J	V	P	Y	I	G	E	G	R	C	K	U

BACKHANDER
SIEGESTOR
ON THE FLY
DRAFT
MITTELDRITTEL

MISCONDUCT
ABSCHIRMEN
POWERPLAY
MAJOR PENALTY
BACKHAND SHOT

Lösung

D R A F T P U Y X N B H H Y V T P A X
N E C N J F T Q E X I X Y G Z P H C E
M Y F X C F C T A J J N X G Q T W P T
R M S H E W U E N S I V M R B S U V U
K N I I Q B D U C Y Z C L K U K M T A
B O P T C I N N J B J A K Q K K X L H
R E P K X Z O U A B S C H I R M E N U
R G O N V G C P J M X W L E M T U Y H
D R W G H D S Y T Z K V D U T A L N M
S O E B I I I T T J N D H I D B G A R
B T R J D W M Y D L G B R G T A J N R
R S P Q U J L V E X A D Y R H O O A S
E E L K V F W M O Q L N C T R B G P D
D G A X U R M I X E U O E U Y A W S A
N E Y X R Q Z Q T X L D I P E C R L M
A I M M I J J T G A P A R P F K X B Q
H S T I B L I K T Y F A Z C K H C D S
K K U P W M L M I Y O Q C A M A B M I
C R W K U T D Z S F K N S U K N E P S
A C X V C G C D B M N E Z Q X D W H R
B B A J P Z J F Q M G J E O O H O G T
U Z C N J E M L Y D P G T W A T K O Y
K V V E W Y J X C O G O D C Q V C R B
H O W M E N X J V P Y I G E G R C K U

P	E	P	P	Y	W	T	D	M	C	K	C	S	H	S	D	J	F	Z
J	H	C	Z	F	D	B	V	R	Y	W	C	E	K	B	M	P	G	V
E	H	B	I	G	B	C	O	N	Y	O	Y	T	W	Z	C	A	W	C
G	F	P	V	D	Z	W	C	D	R	F	O	S	R	J	K	Z	E	B
A	W	G	O	Q	V	B	J	H	P	L	K	M	P	S	N	N	K	T
P	A	F	M	C	D	A	Q	I	S	A	A	U	T	O	E	K	L	S
F	O	P	S	U	U	S	S	Q	Y	U	K	S	A	G	S	C	W	N
E	K	R	K	S	T	R	R	S	L	X	R	Z	D	K	S	T	S	O
B	P	F	C	G	U	M	V	B	Z	U	T	Y	E	O	E	R	I	J
D	R	J	E	B	A	H	C	E	P	C	T	B	G	N	I	H	G	W
R	U	N	H	A	T	C	C	E	K	L	U	N	E	T	H	C	J	J
E	U	F	C	R	M	K	O	S	A	G	D	C	S	E	C	U	A	Q
M	O	J	S	E	X	F	J	N	N	J	D	A	H	R	S	R	I	F
M	F	L	S	K	P	I	E	G	Y	E	B	I	Y	I	T	R	Q	U
U	F	D	O	C	P	P	Q	K	S	Q	T	D	T	X	V	Q	W	V
N	X	I	R	A	O	I	E	Z	K	X	R	S	E	U	B	X	B	A
N	H	F	C	T	U	F	J	C	X	P	A	Z	O	F	I	O	N	V
E	Y	R	J	T	E	A	J	O	A	M	M	C	G	F	Y	S	J	C
K	Y	E	I	A	T	D	S	B	T	F	U	Z	W	R	P	P	Y	L
C	P	P	Z	W	O	W	B	O	X	H	A	K	X	I	P	L	Z	S
E	U	J	G	W	R	H	F	D	J	J	E	G	E	C	H	X	M	T
U	P	K	P	H	P	N	B	L	D	F	P	L	B	U	S	C	J	E
R	J	P	N	B	B	S	F	C	H	X	Q	D	G	P	E	P	U	C
Y	P	J	A	J	M	J	Y	T	P	I	C	Z	R	W	A	E	N	Q

PFOSTENSCHUSS

EXTRA ATTACKER

PENALTY SCHIESSEN

RUECKENNUMMER

TEAM

CROSSCHECK

KONTER

SLOT

FACE OFF

ANSPIEL

Lösung

P E P P Y W T D M C K C S H S D J F Z
J H C Z F D B V R Y W C E K B M P G V
E H B I G B C O N Y O Y T W Z C A W C
G F P V D Z W C D R F O S R J K Z E B
A W G O Q V B J H P L K M P S N N K T
P A F M C D A Q I S A A U T O E K L S
F O P S U U S S Q Y U K S A G S C W N
E K R K S T R R S L X R Z D K S T S O
B P F C G U M V B Z U T Y E O E R I J
D R J E B A H C E P C T B G N I H G W
R U N H A T C C E K L U N E T H C J J
E U F C R M K O S A G D C S E C U A Q
M O J S E X F J N N J D A H R S R I F
M F L S K P I E G Y E B I Y I T R Q U
U F D O C P P Q K S Q T D T X V Q W V
N X I R A O I E Z K X R S E U B X B A
N H F C T U F J C X P A Z O F I O N V
E Y R J T E A J O A M M C G F Y S J C
K Y E I A T D S B T F U Z W R P P Y L
C P P Z W O W B O X H A K X I P L Z S
E U J G W R H F D J J E G E C H X M T
U P K P H P N B L D F P L B U S C J E
R J P N B B S F C H X Q D G P E P U C
Y P J A J M J Y T P I C Z R W A E N Q

Y	A	I	X	Q	A	Y	L	U	W	E	F	Y	P	J	M	O	I	N
T	M	J	T	Z	A	F	S	R	S	Y	B	Q	H	F	H	W	M	D
R	K	T	Q	M	U	R	U	A	E	R	V	W	F	C	D	A	J	R
C	H	M	X	G	O	C	H	S	O	N	E	A	N	O	M	D	W	E
E	P	M	U	T	J	C	R	M	I	W	U	X	R	U	H	Z	F	M
D	U	G	L	Y	N	E	P	R	B	M	A	R	C	A	P	H	B	T
N	H	C	P	P	J	S	B	E	O	E	O	O	N	E	X	W	S	E
S	I	H	M	D	D	B	Z	B	S	T	Z	D	X	W	N	C	Q	H
T	K	U	J	H	K	L	K	M	P	H	P	G	P	H	T	Y	L	C
A	D	N	A	J	Z	S	Q	U	L	A	V	L	O	J	J	Y	G	W
D	Z	I	L	H	S	H	E	N	S	E	N	W	J	A	L	I	Q	P
I	K	T	A	L	G	C	W	S	U	L	N	U	P	B	L	P	S	I
O	Y	I	Q	I	X	Q	H	D	Z	G	X	F	D	D	R	N	L	I
N	L	L	H	Q	P	N	J	E	R	T	T	A	O	G	V	Y	O	Q
M	V	T	T	I	N	P	K	K	I	O	A	L	U	R	Y	A	P	B
E	C	E	T	O	Q	R	V	S	G	B	P	R	A	D	C	S	S	U
Q	D	S	J	Z	Q	G	J	R	F	B	E	P	E	Q	A	E	V	D
A	X	A	A	L	I	T	N	G	X	W	E	Y	A	E	S	O	R	O
J	D	E	M	Q	F	X	P	I	H	V	A	D	K	S	L	S	N	H
K	K	R	H	S	X	P	Z	D	K	J	Y	I	M	X	S	G	L	A
Q	R	C	V	H	T	E	U	J	Y	C	K	D	X	E	A	A	H	L
A	W	I	Q	V	W	R	P	G	Q	X	I	Q	T	L	H	Y	B	E
P	U	C	N	Y	R	Z	I	G	I	L	A	T	Q	S	F	Y	W	L
Q	M	D	B	A	O	Y	H	Q	S	Q	N	T	S	N	Z	H	O	M

HIGH STICKING
SCHEIBE
ENFORCER
HANDPASS
DUMPNCHASE

UGLY GOAL
DROPPASS
CREASE
STADION
JERSEY NUMBER

Lösung

Y A I X Q A Y L U W E F Y P J M O I N
T M J T Z A F S R S Y B Q H F H W M D
R K T Q M U R U A E R V W F C D A J R
C H M X G O C H S O N E A N O M D W E
E P M U T J C R M I W U X R U H Z F M
D U G L Y N E P R B M A R C A P H B T
N H C P P J S B E O E O O N E X W S E
S I H M D D B Z B S T Z D X W N C Q H
T K U J H K L K M P H P G P H T Y L C
A D N A J Z S Q U L A V L O J J Y G W
D Z I L H S H E N S E N W J A L I Q P
I K T A L G C W S U L N U P B L P S I
O Y I Q I X Q H D Z G X F D D R N L I
N L L H Q P N J E R T T A O G V Y O Q
M V T T I N P K K I O A L U R Y A P B
E C E T O Q R V S G B P R A D C S S U
Q D S J Z Q G J R F B E P E Q A E V D
A X A A L I T N G X W E Y A E S O R O
J D E M Q F X P I H V A D K S L S N H
K K R H S X P Z D K J Y I M X S G L A
Q R C V H T E U J Y C K D X E A A H L
A W I Q V W R P G Q X I Q T L H Y B E
P U C N Y R Z I G I L A T Q S F Y W L
Q M D B A O Y H Q S Q N T S N Z H O M

S	C	X	I	G	B	A	O	M	P	X	I	U	P	Q	F	E	L	S
N	G	M	R	H	L	Z	O	F	X	D	H	N	K	D	Y	L	K	P
M	T	U	K	G	I	C	J	S	B	Z	T	T	H	D	B	U	R	I
E	S	R	H	R	C	B	D	B	E	Z	C	E	Y	F	H	O	V	E
H	P	E	M	S	K	D	P	I	P	Y	P	R	O	N	J	Q	G	L
D	I	N	S	I	D	B	N	G	G	B	A	B	Y	Y	U	L	G	E
V	E	I	I	S	T	I	V	N	H	T	S	R	N	N	E	G	G	R
F	L	A	E	J	L	T	Q	Q	F	M	S	E	R	I	C	I	U	B
D	Z	R	O	R	S	J	E	H	T	U	D	C	C	N	K	Y	A	A
H	U	T	O	G	E	K	O	L	B	W	F	H	S	O	U	J	U	N
Z	G	T	M	S	J	R	B	J	S	G	S	U	X	Q	Q	S	G	K
D	Y	K	D	O	R	B	P	I	O	T	N	N	O	P	B	T	L	Q
B	Q	H	J	A	Y	G	P	L	A	F	U	G	W	G	P	R	S	H
H	R	L	Z	N	M	C	A	N	N	R	R	E	A	J	N	E	F	Y
Q	T	L	H	I	B	Q	D	I	B	M	Q	U	R	P	C	L	V	L
O	G	N	P	O	M	C	I	B	Y	S	K	K	A	M	I	P	Z	F
X	L	Q	Y	Y	F	Z	A	V	H	I	R	D	V	T	E	U	C	A
M	W	C	M	G	C	F	Q	T	R	I	P	P	I	N	G	R	S	I
U	J	U	B	B	M	C	C	S	B	S	R	H	M	W	L	C	T	U
A	I	Q	I	Z	U	Z	L	A	O	G	T	E	N	Y	T	P	M	E
P	J	Y	Z	T	M	A	O	K	B	M	O	P	Z	V	F	C	Z	O
B	D	A	K	U	C	M	R	C	F	L	H	Z	L	E	F	E	N	V
P	N	S	K	C	J	N	R	A	W	L	L	M	X	Z	I	L	K	X
Z	S	S	H	I	V	A	V	N	C	K	A	N	B	N	E	F	Y	I

EMPTYNETGOAL
SPIELERBANK
SPIELZUG
MITTELSTUERMER
UNTERBRECHUNG

TRAINER
TRIPPING
GLEICHSTAND
TORLINIE
PASS

Lösung

S C X I G B A O M P X I U P Q F E L S
N G M R H L Z O F X D H N K D Y L K P
M T U K G I C J S B Z T T H D B U R I
E S R H R C B D B E Z C E Y F H O V E
H P E M S K D P I P Y P R O N J Q G L
D I N S I D B N G G B A B Y Y U L G E
V E I I S T I V N H T S R N N E G G R
F L A E J L T Q Q F M S E R I C I U B
D Z R O R S J E H T U D C C N K Y A A
H U T O G E K O L B W F H S O U J U N
Z G T M S J R B J S G S U X Q Q S G K
D Y K D O R B P I O T N N O P B T L Q
B Q H J A Y G P L A F U G W G P R S H
H R L Z N M C A N N R R E A J N E F Y
Q T L H I B Q D I B M Q U R P C L V L
O G N P O M C I B Y S K K A M I P Z F
X L Q Y Y F Z A V H I R D V T E U C A
M W C M G C F Q T R I P P I N G R S I
U J U B B M C C S B S R H M W L C T U
A I Q I Z U Z L A O G T E N Y T P M E
P J Y Z T M A O K B M O P Z V F C Z O
B D A K U C M R C F L H Z L E F E N V
P N S K C J N R A W L L M X Z I L K X
Z S S H I V A V N C K A N B N E F Y I

T	A	C	R	J	J	X	R	Q	B	S	D	P	E	C	M	R	O	Y
F	N	A	R	H	L	O	E	H	V	W	O	N	C	J	L	A	D	T
A	Q	M	M	X	I	M	M	U	L	H	T	C	D	E	I	H	H	E
H	R	X	T	J	V	L	C	E	L	I	N	E	X	X	G	O	K	A
C	K	J	J	Q	T	B	N	I	T	T	C	L	U	V	E	P	Q	B
S	L	B	Z	V	S	E	A	H	Q	S	R	P	T	B	S	E	W	R
N	A	L	K	Z	A	P	F	R	C	X	Y	M	P	E	A	N	S	F
N	T	A	C	I	O	L	S	A	K	C	Y	S	S	I	T	I	S	O
A	T	B	W	L	C	V	Z	Q	R	S	F	K	Z	D	R	C	U	T
M	E	O	C	W	I	D	E	C	S	T	X	M	T	Y	W	E	H	T
T	P	O	R	F	A	I	C	R	S	K	S	S	Q	R	Q	H	C	I
S	U	Q	I	W	G	W	P	C	L	D	I	K	Q	X	H	I	S	I
A	Z	G	U	N	V	R	H	N	Q	O	D	R	N	S	W	T	R	V
G	X	Z	X	U	Q	U	U	S	U	A	A	H	F	A	E	F	O	R
B	N	Y	D	E	S	Q	B	U	N	K	P	D	C	Y	B	D	T	O
A	O	S	Q	S	U	A	C	E	Q	B	N	D	J	N	L	V	K	U
G	U	D	G	Q	Y	W	W	A	F	P	O	O	O	O	Y	H	S	G
E	S	M	Q	J	F	K	A	M	D	M	B	S	F	I	G	W	T	H
T	J	R	W	O	C	W	N	B	W	D	E	S	W	E	R	S	D	I
H	D	G	Y	G	G	S	C	B	I	I	C	O	A	S	T	E	R	N
H	N	Z	I	B	O	W	Y	U	S	C	L	P	Q	J	G	E	P	G
T	O	Q	U	Z	T	L	C	F	Q	T	M	F	P	G	K	R	W	Q
O	M	D	X	R	J	Q	B	P	U	V	F	L	U	Y	R	L	J	E
J	R	I	L	N	K	M	P	F	X	Z	I	H	D	Y	J	W	G	R

12

COAST TO COAST
TORSCHUSS
LATTE
OPENICEHIT
OVERLOAD SYSTEM
ROUGHING
GASTMANNSCHAFT
BANKSTRAFE
PERIOD
SCHUSS

Lösung

T	A	C	R	J	J	X	R	Q	B	S	D	P	E	C	M	R	O	Y
F	N	A	R	H	L	O	E	H	V	W	O	N	C	J	L	A	D	T
A	Q	M	M	X	I	M	M	U	L	H	T	C	D	E	I	H	H	E
H	R	X	T	J	V	L	C	E	L	I	N	E	X	X	G	O	K	A
C	K	J	J	Q	T	B	N	I	T	T	C	L	U	V	E	P	Q	B
S	L	B	Z	V	S	E	A	H	Q	S	R	P	T	B	S	E	W	R
N	A	L	K	Z	A	P	F	R	C	X	Y	M	P	E	A	N	S	F
N	T	A	C	I	O	L	S	A	K	C	Y	S	S	I	T	I	S	O
A	T	B	W	L	C	V	Z	Q	R	S	F	K	Z	D	R	C	U	T
M	E	O	C	W	I	D	E	C	S	T	X	M	T	Y	W	E	H	T
T	P	O	R	F	A	I	C	R	S	K	S	S	Q	R	Q	H	C	I
S	U	Q	I	W	G	W	P	C	L	D	I	K	Q	X	H	I	S	I
A	Z	G	U	N	V	R	H	N	Q	O	D	R	N	S	W	T	R	V
G	X	Z	X	U	Q	U	U	S	U	A	A	H	F	A	E	F	O	R
B	N	Y	D	E	S	Q	B	U	N	K	P	D	C	Y	B	D	T	O
A	O	S	Q	S	U	A	C	E	Q	B	N	D	J	N	L	V	K	U
G	U	D	G	Q	Y	W	W	A	F	P	O	O	O	O	Y	H	S	G
E	S	M	Q	J	F	K	A	M	D	M	B	S	F	I	G	W	T	H
T	J	R	W	O	C	W	N	B	W	D	E	S	W	E	R	S	D	I
H	D	G	Y	G	G	S	C	B	I	I	C	O	A	S	T	E	R	N
H	N	Z	I	B	O	W	Y	U	S	C	L	P	Q	J	G	E	P	G
T	O	Q	U	Z	T	L	C	F	Q	T	M	F	P	G	K	R	W	Q
O	M	D	X	R	J	Q	B	P	U	V	F	L	U	Y	R	L	J	E
J	R	I	L	N	K	M	P	F	X	Z	I	H	D	Y	J	W	G	R

Z	A	J	M	N	I	Q	O	D	Z	K	W	F	W	W	K	T	H	G
G	Q	J	K	K	T	P	N	E	P	S	L	J	R	H	R	G	E	G
M	L	S	J	H	U	J	S	G	J	P	Z	N	W	P	Q	K	C	U
Y	T	X	V	K	P	W	J	P	X	F	K	W	W	W	U	J	S	H
C	N	T	C	Z	V	R	G	C	B	T	J	B	Y	V	L	Z	B	J
C	H	A	E	S	E	J	V	O	X	C	O	I	F	W	B	Y	W	J
Y	B	P	Q	D	W	Y	M	H	A	H	R	O	X	A	C	I	B	X
Y	O	C	M	V	Y	D	N	L	M	L	D	R	A	W	R	O	F	V
W	U	B	H	Y	U	U	M	C	V	E	I	E	W	F	V	C	O	X
S	B	D	E	T	T	J	G	J	D	S	M	E	J	I	P	B	W	J
F	Q	E	S	W	T	E	R	P	E	F	S	M	N	R	B	P	I	I
A	I	Y	F	I	R	K	N	S	D	L	A	A	L	G	G	L	Y	A
E	H	V	G	E	A	Q	W	P	N	P	Q	E	W	D	L	S	E	M
Z	Z	A	H	D	I	C	Y	M	A	G	V	T	X	W	C	G	S	C
E	E	G	P	A	N	S	W	Q	B	N	F	E	N	N	Y	T	T	D
R	C	N	O	L	I	U	I	N	F	I	Y	M	Z	Z	E	U	Y	P
O	E	O	K	B	N	N	N	T	M	C	X	O	L	Q	E	L	L	H
E	L	L	M	X	G	E	V	A	H	I	S	H	S	Z	W	G	S	E
Q	I	K	J	Y	W	P	Q	Q	K	Q	N	H	R	I	T	S	Q	D
I	G	K	P	K	P	T	K	Y	X	F	C	S	N	O	E	H	B	Q
K	A	R	Z	S	R	O	K	L	N	C	H	A	N	G	E	J	M	V
L	U	P	P	Y	H	H	J	S	A	L	I	O	I	D	N	G	U	X
X	L	I	D	C	Y	H	E	D	R	O	P	P	I	N	G	Z	H	A
O	D	A	Q	P	Z	F	V	F	K	L	S	H	O	Q	A	G	U	X

13

FORWARD
BACKUP GOALIE
BLADE
LONG CHANGE
LIGA

DROPPING
ICING
BANDE
TRAINING
HOMETEAM

Lösung

Z A J M N I Q O D Z K W F W W K T H G

G Q J K K T P N E P S L J R H R G E G

M L S J H U J S G J P Z N W P Q K C U

Y T X V K P W J P X F K W W W U J S H

C N T C Z V R G C B T J B Y V L Z B J

C H A E S E J V O X C O I F W B Y W J

Y B P Q D W Y M H A H R O X A C I B X

Y O C M V Y D N L M L D R A W R O F V

W U B H Y U U M C V E I E W F V C O X

S B D E T T J G J D S M E J I P B W J

F Q E S W T E R P E F S M N R B P I I

A I Y F I R K N S D L A A L G G L Y A

E H V G E A Q W P N P Q E W D L S E M

Z Z A H D I C Y M A G V T X W C G S C

E E G P A N S W Q B N F E N N Y T T D

R C N O L I U I N F I Y M Z Z E U Y P

O E O K B N N N T M C X O L Q E L L H

E L L M X G E V A H I S H S Z W G S E

Q I K J Y W P Q Q K Q N H R I T S Q D

I G K P K P T K Y X F C S N O E H B Q

K A R Z S R O K L N C H A N G E J M V

L U P P Y H H J S A L I O I D N G U X

X L I D C Y H E D R O P P I N G Z H A

O D A Q P Z F V F K L S H O Q A G U X

I	J	K	C	I	A	G	M	O	N	Y	X	R	X	U	C	T	O	F
F	B	D	D	R	Z	O	L	P	G	X	N	H	P	Y	A	R	I	F
N	Z	M	K	G	G	S	C	H	V	P	U	S	Y	D	N	E	Q	K
A	H	I	C	A	X	E	F	X	X	G	R	Y	G	K	E	B	D	O
G	Z	L	O	P	W	Q	N	S	K	X	A	E	S	C	S	O	V	N
G	L	P	F	E	D	H	R	E	I	A	W	E	N	I	L	U	S	R
O	T	J	D	A	G	Z	H	K	R	W	P	E	W	R	N	N	C	O
N	A	S	Q	N	E	X	S	R	T	E	O	Y	J	T	O	D	H	T
S	Y	C	C	A	K	N	Y	L	G	F	I	K	O	T	P	C	L	H
X	K	H	F	X	T	O	D	Q	F	L	O	R	J	A	U	I	I	U
Q	I	L	X	C	G	H	U	C	X	O	I	F	F	H	K	O	T	H
I	Q	A	S	C	O	R	E	S	H	E	E	T	I	N	X	E	T	C
C	B	G	F	Y	O	P	R	R	J	K	U	B	P	S	I	S	S	S
Q	S	S	Y	Z	E	Q	N	W	U	R	J	G	S	P	H	E	C	T
T	U	C	J	Q	N	S	N	E	B	I	D	W	R	W	G	W	H	T
A	G	H	G	Z	V	P	P	I	N	L	C	U	Y	N	O	N	U	I
A	T	U	Y	W	K	D	B	M	M	D	R	U	B	B	L	K	H	L
S	L	S	A	Y	O	N	D	X	E	E	Z	B	E	W	N	S	E	H
D	A	S	Z	I	P	T	R	H	L	G	A	A	C	S	L	F	B	C
I	B	O	L	T	J	K	I	F	T	E	E	H	S	E	M	A	G	S
M	I	V	A	W	H	E	T	U	P	P	X	S	E	K	S	U	G	E
M	V	Z	U	I	R	I	T	D	K	I	V	G	J	O	Q	K	E	P
C	G	I	L	V	I	Q	E	I	H	W	Q	O	Z	I	H	U	S	K
I	Y	F	J	O	P	L	L	C	H	L	O	J	L	F	A	D	B	G

SCHLAGSCHUSS
SCHLITTSCHUH
SCORESHEET
SCHLITTSCHUHTOR
REBOUND
EINFRIEREN
DRITTEL
CORNER
GAMESHEET
HATTRICK

Lösung

I	J	K	C	I	A	G	M	O	N	Y	X	R	X	U	C	T	O	F
F	B	D	D	R	Z	O	L	P	G	X	N	H	P	Y	A	R	I	F
N	Z	M	K	G	G	S	C	H	V	P	U	S	Y	D	N	E	Q	K
A	H	I	C	A	X	E	F	X	X	G	R	Y	G	K	E	B	D	O
G	Z	L	O	P	W	Q	N	S	K	X	A	E	S	C	S	O	V	N
G	L	P	F	E	D	H	R	E	I	A	W	E	N	I	L	U	S	R
O	T	J	D	A	G	Z	H	K	R	W	P	E	W	R	N	N	C	O
N	A	S	Q	N	E	X	S	R	T	E	O	Y	J	T	O	D	H	T
S	Y	C	C	A	K	N	Y	L	G	F	I	K	O	T	P	C	L	H
X	K	H	F	X	T	O	D	Q	F	L	O	R	J	A	U	I	I	U
Q	I	L	X	C	G	H	U	C	X	O	I	F	F	H	K	O	T	H
I	Q	A	S	C	O	R	E	S	H	E	E	T	I	N	X	E	T	C
C	B	G	F	Y	O	P	R	R	J	K	U	B	P	S	I	S	S	S
Q	S	S	Y	Z	E	Q	N	W	U	R	J	G	S	P	H	E	C	T
T	U	C	J	Q	N	S	N	E	B	I	D	W	R	W	G	W	H	T
A	G	H	G	Z	V	P	P	I	N	L	C	U	Y	N	O	N	U	I
A	T	U	Y	W	K	D	B	M	M	D	R	U	B	B	L	K	H	L
S	L	S	A	Y	O	N	D	X	E	E	Z	B	E	W	N	S	E	H
D	A	S	Z	I	P	T	R	H	L	G	A	A	C	S	L	F	B	C
I	B	O	L	T	J	K	I	F	T	E	E	H	S	E	M	A	G	S
M	I	V	A	W	H	E	T	U	P	P	X	S	E	K	S	U	G	E
M	V	Z	U	I	R	I	T	D	K	I	V	G	J	O	Q	K	E	P
C	G	I	L	V	I	Q	E	I	H	W	Q	O	Z	I	H	U	S	K
I	Y	F	J	O	P	L	L	C	H	L	O	J	L	F	A	D	B	G

R C G N I N E E R C S Y P T S F M X D
J Z R R G T M V R U G F B V S M A B Q
L C T C N X J K T M D N M I O Y M U K
D G Z E R U S U B J W L E V N I J P I
G O E M A D X H K F L Q X T M H M D D
P P E L A B W C Q C A W R K V C U H S
D J F P X N R Z Y V C P V Y T Y K E G
E Z G A Z Z M M Z J A B Z O N E I F F
X E P F A T O M X G Z Z Q A F D L A D
L L W T N T A E P G C W B F C W B R P
Q I A D O Z L I F H Z S R E H H U T Y
T R C E P R B Z E R N U D S C E P S S
V K Q F I I H B H A A B S W S V D H L
S L B R G F L U F A Y U O B I A O C N
S A V H O A B P E W D F M P D S A T R
X E B M W C L L D T B I W L A G H A N
R R V H D O A X I T E B C N N I B M Q
U E C I T B N N Q C M R S Q A B X R G
E S O H S B G N Y A L M S E K P Z L V
T Z V G L N B E I O F P R D D I U W W
I U O W H L E F T O U R E S M N M Q K
L W Y K H L T F K T U O T U H S L T G
L Q W R R Z L M E G Y F M J H W J T K
I I A H N N U P K D J U I F B R X A U

15

SCREENING
DEFENSIVE ZONE
KANADISCH
SCHWALBE
LEGPADS
MATCHSTRAFE
TORHUETER
BIGSAVE
PUBLIKUM
SHUTOUT

Lösung

R C G N I N E E R C S Y P T S F M X D
J Z R R G T M V R U G F B V S M A B Q
L C T C N X J K T M D N M I O Y M U K
D G Z E R U S U B J W L E V N I J P I
G O E M A D X H K F L Q X T M H M D D
P P E L A B W C Q C A W R K V C U H S
D J F P X N R Z Y V C P V Y T Y K E G
E Z G A Z Z M M Z J A B Z O N E I F F
X E P F A T O M X G Z Z Q A F D L A D
L L W T N T A E P G C W B F C W B R P
Q I A D O Z L I F H Z S R E H H U T Y
T R C E P R B Z E R N U D S C E P S S
V K Q F I I H B H A A B S W S V D H L
S L B R G F L U F A Y U O B I A O C N
S A V H O A B P E W D F M P D S A T R
X E B M W C L L D T B I W L A G H A N
R R V H D O A X I T E B C N N I B M Q
U E C I T B N N Q C M R S Q A B X R G
E S O H S B G N Y A L M S E K P Z L V
T Z V G L N B E I O F P R D D I U W W
I U O W H L E F T O U R E S M N M Q K
L W Y K H L T F K T U O T U H S L T G
L Q W R R Z L M E G Y F M J H W J T K
I I A H N N U P K D J U I F B R X A U

N	X	E	I	L	C	J	I	Q	F	V	B	E	R	O	E	X	T	D
J	M	X	R	L	U	H	A	S	D	I	B	M	S	U	V	V	Z	X
L	X	R	E	L	L	F	Y	F	P	Y	R	N	M	L	M	Y	A	N
I	Z	T	G	M	S	G	L	O	F	R	E	R	O	T	A	Q	K	Q
T	O	H	I	Q	Z	I	F	K	G	X	A	D	F	Q	J	V	D	U
S	R	B	D	V	B	K	R	H	C	F	K	O	Q	V	L	K	D	F
N	R	B	I	S	B	X	E	B	S	T	A	U	M	J	A	R	D	Q
L	S	Y	E	Q	X	R	T	P	Y	D	W	M	G	R	N	U	T	O
V	J	B	T	C	M	Z	T	Q	R	P	A	F	P	H	G	R	T	K
W	A	Z	R	A	I	J	U	T	O	U	Y	Q	A	R	E	Q	Z	K
X	C	R	E	H	Z	E	B	W	E	Q	I	L	P	C	E	O	B	H
O	S	B	V	H	X	D	E	R	A	V	T	M	C	M	C	M	H	I
F	U	N	L	H	M	R	I	Z	N	E	T	J	E	O	K	X	W	O
D	S	A	W	W	B	B	J	X	N	R	R	X	B	Y	E	N	H	S
M	Y	C	K	R	C	B	F	V	A	E	A	T	W	M	S	R	N	Y
F	E	T	E	H	M	L	S	S	B	Z	V	T	B	E	F	T	I	Z
T	Y	A	Q	Y	Q	D	H	A	S	H	S	O	D	T	S	U	H	W
O	K	B	H	A	A	T	V	S	P	L	S	H	W	Y	B	Y	I	I
S	G	V	C	P	A	G	H	R	B	F	F	S	T	X	I	T	O	D
N	I	K	D	L	N	A	Y	K	Z	W	T	P	C	S	M	G	T	P
Y	V	I	K	O	D	J	P	Z	J	N	C	A	R	W	C	U	I	U
F	T	P	G	J	G	M	U	D	K	D	S	L	Y	B	Y	G	E	Q
X	P	V	K	P	G	Q	A	W	C	C	V	S	R	J	H	L	T	R
W	K	R	X	Y	J	V	D	C	Z	N	B	D	Q	T	I	S	P	T

VERTEIDIGER
BREAKAWAY
HALTEN
POWERBREAK
SLAPSHOT
LANGEECKE
TRASHTALK
TORERFOLG
PADS
BUTTERFLY STIL

Lösung

N	X	E	I	L	C	J	I	Q	F	V	B	E	R	O	E	X	T	D
J	M	X	R	L	U	H	A	S	D	I	B	M	S	U	V	V	Z	X
L	X	R	E	L	L	F	Y	F	P	Y	R	N	M	L	M	Y	A	N
I	Z	T	G	M	S	G	L	O	F	R	E	R	O	T	A	Q	K	Q
T	O	H	I	Q	Z	I	F	K	G	X	A	D	F	Q	J	V	D	U
S	R	B	D	V	B	K	R	H	C	F	K	O	Q	V	L	K	D	F
N	R	B	I	S	B	X	E	B	S	T	A	U	M	J	A	R	D	Q
L	S	Y	E	Q	X	R	T	P	Y	D	W	M	G	R	N	U	T	O
V	J	B	T	C	M	Z	T	Q	R	P	A	F	P	H	G	R	T	K
W	A	Z	R	A	I	J	U	T	O	U	Y	Q	A	R	E	Q	Z	K
X	C	R	E	H	Z	E	B	W	E	Q	I	L	P	C	E	O	B	H
O	S	B	V	H	X	D	E	R	A	V	T	M	C	M	C	M	H	I
F	U	N	L	H	M	R	I	Z	N	E	T	J	E	O	K	X	W	O
D	S	A	W	W	B	B	J	X	N	R	R	X	B	Y	E	N	H	S
M	Y	C	K	R	C	B	F	V	A	E	A	T	W	M	S	R	N	Y
F	E	T	E	H	M	L	S	S	B	Z	V	T	B	E	F	T	I	Z
T	Y	A	Q	Y	Q	D	H	A	S	H	S	O	D	T	S	U	H	W
O	K	B	H	A	A	T	V	S	P	L	S	H	W	Y	B	Y	I	I
S	G	V	C	P	A	G	H	R	B	F	F	S	T	X	I	T	O	D
N	I	K	D	L	N	A	Y	K	Z	W	T	P	C	S	M	G	T	P
Y	V	I	K	O	D	J	P	Z	J	N	C	A	R	W	C	U	I	U
F	T	P	G	J	G	M	U	D	K	D	S	L	Y	B	Y	G	E	Q
X	P	V	K	P	G	Q	A	W	C	C	V	S	R	J	H	L	T	R
W	K	R	X	Y	J	V	D	C	Z	N	B	D	Q	T	I	S	P	T

X	X	D	W	M	N	M	F	D	L	V	W	K	T	X	V	D	P	C
F	F	K	H	R	L	Y	E	E	M	F	A	Q	H	I	M	X	Q	A
R	U	N	M	Z	M	F	M	Y	R	X	X	G	S	B	N	E	I	R
I	C	D	X	A	E	W	C	F	C	N	G	O	U	X	N	A	N	U
X	C	R	M	N	F	G	P	M	N	J	E	X	R	I	P	D	W	R
V	O	M	D	N	D	M	X	A	U	I	X	K	Q	G	Z	T	E	P
T	K	E	A	F	X	R	X	I	L	L	A	C	A	L	D	B	I	G
M	R	Q	V	B	H	N	N	X	C	M	Z	O	M	H	W	P	T	A
W	E	K	F	B	E	I	N	S	C	H	O	N	E	R	E	Q	S	U
J	I	W	Z	J	Z	J	I	T	E	I	S	Z	E	I	T	O	C	J
V	O	R	P	O	E	Q	B	I	L	D	N	L	W	L	Q	H	H	C
Q	B	C	K	I	W	V	N	G	Z	O	N	E	Q	R	N	H	U	J
S	B	N	J	O	H	L	J	O	X	Z	I	I	A	E	M	O	S	S
B	T	J	D	N	S	V	S	U	V	X	E	P	N	K	B	C	S	T
V	R	I	G	C	M	F	E	W	Y	S	B	S	G	B	E	W	M	E
A	T	Z	I	I	F	F	D	Z	G	N	W	L	R	N	Q	K	N	L
T	N	G	V	W	I	F	U	M	Y	J	Q	H	I	B	T	J	V	L
H	C	L	Y	B	M	S	B	Q	S	Z	E	A	F	I	C	N	K	E
G	P	I	H	K	S	H	E	Z	W	S	X	Z	F	F	U	T	R	N
X	F	Y	F	C	Q	A	P	N	U	H	X	R	Y	N	N	Y	U	F
R	O	T	Y	E	K	C	O	H	S	I	E	E	J	L	S	O	M	R
L	O	Y	G	S	N	H	P	T	S	W	E	T	R	K	Y	V	U	X
B	G	C	L	F	P	I	R	M	M	D	S	N	M	P	T	S	A	K
H	E	E	I	K	K	D	F	J	B	D	P	U	H	E	F	H	V	F

17

ANGRIFF
RUSH
BEINSCHONER
UNTERZAHLSPIEL
DEFENDER

EISZEIT
WEITSCHUSS
HAKEN
EISHOCKEYTOR
BEIN STELLEN

Lösung

X	X	D	W	M	N	M	F	D	L	V	W	K	T	X	V	D	P	C
F	F	K	H	R	L	Y	E	E	M	F	A	Q	H	I	M	X	Q	A
R	U	N	M	Z	M	F	M	Y	R	X	X	G	S	B	N	E	I	R
I	C	D	X	A	E	W	C	F	C	N	G	O	U	X	N	A	N	U
X	C	R	M	N	F	G	P	M	N	J	E	X	R	I	P	D	W	R
V	O	M	D	N	D	M	X	A	U	I	X	K	Q	G	Z	T	E	P
T	K	E	A	F	X	R	X	I	L	L	A	C	A	L	D	B	I	G
M	R	Q	V	B	H	N	N	X	C	M	Z	O	M	H	W	P	T	A
W	E	K	F	B	E	I	N	S	C	H	O	N	E	R	E	Q	S	U
J	I	W	Z	J	Z	J	I	T	E	I	S	Z	E	I	T	O	C	J
V	O	R	P	O	E	Q	B	I	L	D	N	L	W	L	Q	H	H	C
Q	B	C	K	I	W	V	N	G	Z	O	N	E	Q	R	N	H	U	J
S	B	N	J	O	H	L	J	O	X	Z	I	I	A	E	M	O	S	S
B	T	J	D	N	S	V	S	U	V	X	E	P	N	K	B	C	S	T
V	R	I	G	C	M	F	E	W	Y	S	B	S	G	B	E	W	M	E
A	T	Z	I	I	F	F	D	Z	G	N	W	L	R	N	Q	K	N	L
T	N	G	V	W	I	F	U	M	Y	J	Q	H	I	B	T	J	V	L
H	C	L	Y	B	M	S	B	Q	S	Z	E	A	F	I	C	N	K	E
G	P	I	H	K	S	H	E	Z	W	S	X	Z	F	F	U	T	R	N
X	F	Y	F	C	Q	A	P	N	U	H	X	R	Y	N	N	Y	U	F
R	O	T	Y	E	K	C	O	H	S	I	E	E	J	L	S	O	M	R
L	O	Y	G	S	N	H	P	T	S	W	E	T	R	K	Y	V	U	X
B	G	C	L	F	P	I	R	M	M	D	S	N	M	P	T	S	A	K
H	E	E	I	K	K	D	F	J	B	D	P	U	H	E	F	H	V	F

I	O	C	Q	H	L	Z	T	I	X	M	C	Y	M	W	J	A	A	O
Z	H	F	H	R	O	N	B	I	O	W	J	H	X	G	T	K	S	U
G	Y	K	C	L	A	O	K	O	C	W	L	Q	K	E	B	B	R	D
P	P	R	O	P	R	T	C	Y	L	G	K	J	R	X	H	N	W	X
Z	W	F	J	B	L	D	N	S	G	V	Q	C	Q	O	Y	E	I	L
M	T	A	E	I	S	F	L	A	E	C	H	E	H	R	Z	W	T	L
K	P	V	K	S	O	R	L	X	D	Y	U	E	W	Z	C	C	G	A
T	F	B	P	Q	T	L	Q	T	X	D	R	C	Z	C	E	U	N	B
G	O	W	I	L	L	D	Y	F	G	T	U	C	U	M	E	F	I	D
U	S	A	A	H	K	R	S	T	L	T	E	I	A	P	F	W	K	N
S	T	L	V	E	W	W	E	U	Q	U	T	G	X	M	P	G	C	M
W	E	A	F	K	N	H	L	J	Q	X	R	K	V	A	A	D	E	S
N	N	L	E	O	J	D	S	Y	T	A	M	C	C	V	H	V	H	C
D	N	S	V	X	E	N	U	A	T	F	A	Z	E	Z	K	H	C	E
S	H	A	L	K	Z	I	E	S	V	L	D	B	J	M	C	Q	R	S
Z	T	U	E	W	G	T	L	N	F	F	U	M	Z	N	W	K	B	B
Y	W	Z	N	V	T	L	N	H	F	H	A	L	V	I	I	S	G	M
Y	D	H	W	Y	A	W	E	V	O	L	G	H	C	T	A	C	E	V
P	Z	B	S	T	O	C	K	F	X	T	U	O	E	M	I	T	T	Z
X	T	T	V	U	E	D	R	U	D	D	R	T	P	J	K	A	S	B
V	B	I	G	Y	U	E	G	E	G	E	N	T	O	R	V	H	W	V
P	R	H	M	B	E	D	H	R	Y	W	R	B	V	B	P	I	F	Z
A	Q	P	P	Z	S	C	L	J	M	S	A	Q	W	P	G	A	I	T
M	X	V	E	E	M	R	H	Q	F	U	U	Z	C	X	P	U	V	A

EISFLAECHE
CATCHGLOVE
DEKE
FREEZE
CHECKING
TIMEOUT
ALLSTARGAME
GEGENTOR
PFOSTEN
HOHER STOCK

Lösung

I	O	C	Q	H	L	Z	T	I	X	M	C	Y	M	W	J	A	A	O
Z	H	F	H	R	O	N	B	I	O	W	J	H	X	G	T	K	S	U
G	Y	K	C	L	A	O	K	O	C	W	L	Q	K	E	B	B	R	D
P	P	R	O	P	R	T	C	Y	L	G	K	J	R	X	H	N	W	X
Z	W	F	J	B	L	D	N	S	G	V	Q	C	Q	O	Y	E	I	L
M	T	A	E	I	S	F	L	A	E	C	H	E	H	R	Z	W	T	L
K	P	V	K	S	O	R	L	X	D	Y	U	E	W	Z	C	C	G	A
T	F	B	P	Q	T	L	Q	T	X	D	R	C	Z	C	E	U	N	B
G	O	W	I	L	L	D	Y	F	G	T	U	C	U	M	E	F	I	D
U	S	A	A	H	K	R	S	T	L	T	E	I	A	P	F	W	K	N
S	T	L	V	E	W	W	E	U	Q	U	T	G	X	M	P	G	C	M
W	E	A	F	K	N	H	L	J	Q	X	R	K	V	A	A	D	E	S
N	N	L	E	O	J	D	S	Y	T	A	M	C	C	V	H	V	H	C
D	N	S	V	X	E	N	U	A	T	F	A	Z	E	Z	K	H	C	E
S	H	A	L	K	Z	I	E	S	V	L	D	B	J	M	C	Q	R	S
Z	T	U	E	W	G	T	L	N	F	F	U	M	Z	N	W	K	B	B
Y	W	Z	N	V	T	L	N	H	F	H	A	L	V	I	I	S	G	M
Y	D	H	W	Y	A	W	E	V	O	L	G	H	C	T	A	C	E	V
P	Z	B	S	T	O	C	K	F	X	T	U	O	E	M	I	T	T	Z
X	T	T	V	U	E	D	R	U	D	D	R	T	P	J	K	A	S	B
V	B	I	G	Y	U	E	G	E	G	E	N	T	O	R	V	H	W	V
P	R	H	M	B	E	D	H	R	Y	W	R	B	V	B	P	I	F	Z
A	Q	P	P	Z	S	C	L	J	M	S	A	Q	W	P	G	A	I	T
M	X	V	E	E	M	R	H	Q	F	U	U	Z	C	X	P	U	V	A

DAS

FELDHOCKEY

WORTSUCHRÄTSEL BUCH

U	G	U	A	J	B	Z	Y	U	W	W	X	M	X	O	O	E	Q	V
P	G	S	S	S	E	N	T	I	F	B	W	P	S	M	E	V	C	H
E	Z	C	B	U	W	S	N	X	A	A	G	X	G	V	K	Q	A	N
E	Z	F	D	Y	O	W	N	C	E	S	D	J	V	Y	D	I	Q	G
S	U	D	Z	T	W	U	K	B	U	A	M	S	O	J	F	U	D	T
J	K	C	N	W	K	S	O	U	E	N	K	Q	E	R	L	P	S	S
J	L	W	P	P	T	W	B	I	S	T	M	P	E	X	M	V	I	P
I	E	U	O	I	T	U	D	C	J	Y	B	I	A	A	Q	S	Z	I
V	I	W	C	F	W	X	H	B	G	I	S	C	S	B	C	W	E	E
F	N	K	K	W	Y	I	Y	A	X	C	L	T	F	H	N	Y	M	L
Z	F	F	X	F	E	S	D	U	H	C	E	Y	L	M	N	Y	V	F
M	E	T	X	N	N	V	M	L	K	R	D	A	K	A	I	X	I	E
O	L	P	E	Z	X	G	A	T	S	Q	G	N	P	M	B	Y	Q	L
T	D	N	Z	U	K	G	X	Y	V	T	F	S	O	C	G	J	H	D
X	K	R	L	K	W	K	Q	C	F	J	Y	O	F	L	F	H	T	A
I	W	J	O	Q	A	Q	L	T	A	C	H	H	Q	U	D	U	L	D
A	R	K	T	Y	U	D	L	W	G	R	Z	D	F	J	I	Y	Z	J
L	G	C	V	L	Q	S	U	M	J	G	M	K	Y	F	R	N	L	C
I	S	I	Y	F	P	J	E	R	K	B	R	S	K	A	P	A	E	S
N	N	M	X	I	L	S	F	J	X	E	K	G	F	K	H	Q	V	I
P	S	T	E	O	X	D	V	S	S	A	P	T	S	B	L	E	S	J
E	F	L	B	A	D	N	U	Z	D	Q	Q	M	D	D	S	V	L	M
G	E	U	Z	O	V	A	Q	Z	S	D	L	A	B	C	E	U	Q	W
R	F	C	O	S	K	D	Q	B	O	G	H	Q	X	S	B	O	B	R

1

SCHLAG
SCHIENEN
MASTERS
SPIELER
BACKSTICK

SELBSTPASS
SPIELFELD
KLEINFELD
FITNESS
FREISCHLAG

Lösung

U	G	U	A	J	B	Z	Y	U	W	W	X	M	X	O	O	E	Q	V
P	G	S	S	S	E	N	T	I	F	B	W	P	S	M	E	V	C	H
E	Z	C	B	U	W	S	N	X	A	A	G	X	G	V	K	Q	A	N
E	Z	F	D	Y	O	W	N	C	E	S	D	J	V	Y	D	I	Q	G
S	U	D	Z	T	W	U	K	B	U	A	M	S	O	J	F	U	D	T
J	K	C	N	W	K	S	O	U	E	N	K	Q	E	R	L	P	S	S
J	L	W	P	P	T	W	B	I	S	T	M	P	E	X	M	V	I	P
I	E	U	O	I	T	U	D	C	J	Y	B	I	A	A	Q	S	Z	I
V	I	W	C	F	W	X	H	B	G	I	S	C	S	B	C	W	E	E
F	N	K	K	W	Y	I	Y	A	X	C	L	T	F	H	N	Y	M	L
Z	F	F	X	F	E	S	D	U	H	C	E	Y	L	M	N	Y	V	F
M	E	T	X	N	N	V	M	L	K	R	D	A	K	A	I	X	I	E
O	L	P	E	Z	X	G	A	T	S	Q	G	N	P	M	B	Y	Q	L
T	D	N	Z	U	K	G	X	Y	V	T	F	S	O	C	G	J	H	D
X	K	R	L	K	W	K	Q	C	F	J	Y	O	F	L	F	H	T	A
I	W	J	O	Q	A	Q	L	T	A	C	H	H	Q	U	D	U	L	D
A	R	K	T	Y	U	D	L	W	G	R	Z	D	F	J	I	Y	Z	J
L	G	C	V	L	Q	S	U	M	J	G	M	K	Y	F	R	N	L	C
I	S	I	Y	F	P	J	E	R	K	B	R	S	K	A	P	A	E	S
N	N	M	X	I	L	S	F	J	X	E	K	G	F	K	H	Q	V	I
P	S	T	E	O	X	D	V	S	S	A	P	T	S	B	L	E	S	J
E	F	L	B	A	D	N	U	Z	D	Q	Q	M	D	D	S	V	L	M
G	E	U	Z	O	V	A	Q	Z	S	D	L	A	B	C	E	U	Q	W
R	F	C	O	S	K	D	Q	B	O	G	H	Q	X	S	B	O	B	R

Z	E	I	T	S	P	I	E	L	W	Z	E	G	N	F	O	T	F	A
M	U	K	C	H	R	X	O	O	C	T	W	M	W	J	W	M	U	E
C	E	U	V	D	K	I	M	W	H	D	G	H	H	V	H	I	Z	X
J	A	U	Q	K	L	Y	C	M	L	V	N	F	B	Q	P	F	O	X
F	Q	J	P	S	I	M	O	U	C	U	I	W	N	X	N	G	I	G
Q	C	K	P	B	E	J	T	B	A	M	N	P	E	I	N	D	U	H
G	P	M	M	R	T	Y	C	U	C	R	I	C	U	R	U	B	H	W
E	K	I	M	I	R	F	J	F	L	N	A	A	M	A	M	L	G	S
G	N	J	W	V	O	G	I	S	B	O	R	L	B	L	W	G	R	X
E	W	Z	S	Z	V	G	U	K	E	S	T	E	Z	H	G	W	G	Y
N	V	R	L	B	D	U	C	S	O	E	S	X	Y	H	H	G	B	C
S	F	S	U	S	P	I	E	L	A	U	S	S	C	H	L	U	S	S
P	K	S	O	S	H	F	N	C	U	C	E	H	K	A	P	Z	P	U
I	L	Q	F	H	H	Z	W	V	R	B	N	T	D	V	F	H	G	T
E	U	F	R	G	Q	J	X	U	A	Q	T	A	Z	R	A	E	C	H
L	F	J	E	N	H	E	B	F	Y	M	I	B	E	S	I	I	J	U
E	L	I	M	O	I	V	P	O	P	M	F	S	R	E	L	M	E	Z
R	U	W	R	T	K	A	C	G	A	A	N	T	G	U	U	V	I	H
M	P	J	E	C	K	S	V	L	Y	S	O	A	C	E	N	E	Y	W
I	F	A	U	Y	F	T	M	G	G	Q	L	N	J	E	E	R	P	I
H	E	N	T	X	O	O	P	O	H	Q	Y	D	C	U	K	E	P	X
I	R	C	S	E	J	E	V	H	L	J	T	V	C	M	C	I	S	L
A	V	J	H	P	D	G	X	H	P	N	U	M	Y	R	A	N	G	J
F	U	X	S	K	O	Y	Y	C	L	A	M	F	P	U	H	O	C	M

2

SPIELAUSSCHLUSS
ABSTAND
FITNESSTRAINING
GEGENSPIELER
HACKEN
VORTEIL
LUPFER
STUERMERFOUL
HEIMVEREIN
ZEITSPIEL

Lösung

Z E I T S P I E L W Z E G N F O T F A
M U K C H R X O O C T W M W J W M U E
C E U V D K I M W H D G H H V H I Z X
J A U Q K L Y C M L V N F B Q P F O X
F Q J P S I M O U C U I W N X N G I G
Q C K P B E J T B A M N P E I N D U H
G P M M R T Y C U C R I C U R U B H W
E K I M I R F J F L N A A M A M L G S
G N J W V O G I S B O R L B L W G R X
E W Z S Z V G U K E S T E Z H G W G Y
N V R L B D U C S O E S X Y H H G B C
S F S U S P I E L A U S S C H L U S S
P K S O S H F N C U C E H K A P Z P U
I L Q F H H Z W V R B N T D V F H G T
E U F R G Q J X U A Q T A Z R A E C H
L F J E N H E B F Y M I B E S I I J U
E L I M O I V P O P M F S R E L M E Z
R U W R T K A C G A A N T G U U V I H
M P J E C K S V L Y S O A C E N E Y W
I F A U Y F T M G G Q L N J E E R P I
H E N T X O O P O H Q Y D C U K E P X
I R C S E J E V H L J T V C M C I S L
A V J H P D G X H P N U M Y R A N G J
F U X S K O Y Y C L A M F P U H O C M

O	M	V	A	N	X	Q	H	F	W	W	K	U	A	H	T	E	B	U
G	F	E	D	R	E	H	C	A	M	L	E	I	P	S	S	R	W	V
X	G	Y	T	B	C	A	K	R	M	O	I	G	Q	H	L	E	P	O
M	A	G	V	E	L	D	M	J	E	P	K	C	V	W	X	C	G	L
F	L	N	F	C	G	M	C	Y	N	H	Q	I	X	O	U	W	T	T
R	H	F	T	P	B	U	S	E	W	S	E	E	H	C	F	D	D	A
U	C	N	F	O	O	R	E	V	H	W	H	T	T	W	T	V	I	O
E	S	A	S	C	H	U	S	S	K	R	E	I	S	L	C	T	K	E
C	B	P	Y	O	T	R	D	F	F	T	Z	R	A	N	S	X	B	D
K	A	J	V	F	H	V	F	I	R	V	D	N	D	V	E	V	A	H
H	I	N	S	T	T	A	Z	C	L	S	G	M	T	Q	Z	K	N	D
A	R	B	F	T	N	P	X	W	X	E	K	W	Q	G	Q	N	C	A
N	P	L	R	G	O	G	I	T	E	Z	J	S	T	I	V	W	L	E
D	D	C	R	S	V	P	H	C	K	O	H	H	I	K	P	Z	T	V
S	K	I	T	M	R	C	K	Q	O	C	Z	Y	W	D	J	Q	M	Z
B	F	G	C	I	E	E	F	Y	U	P	U	T	G	G	H	J	Q	D
F	Y	H	M	R	I	H	J	R	Q	M	U	A	V	L	A	M	L	O
Z	L	T	K	O	N	U	B	D	E	V	H	J	U	F	J	I	O	Y
N	C	C	Q	C	Q	B	I	Z	B	W	K	J	F	K	G	P	K	L
J	I	B	O	V	A	T	Y	S	U	O	G	M	O	U	G	G	V	L
K	T	O	X	Y	F	G	R	F	M	F	U	I	U	C	C	N	P	U
U	J	X	Q	Y	G	X	G	T	X	W	B	W	N	C	J	B	H	B
X	U	Z	M	B	D	H	Z	E	H	X	D	O	D	X	X	C	N	H
L	U	G	Q	F	M	I	I	A	E	H	A	K	O	Y	R	X	L	Q

ECKENSTEHER
KICKRECHT
SCHUSSKREIS
LANGEECKE
SPIELMACHER

BULLY
ABBRUCH
ANGRIFF
ABSCHLAG
RUECKHAND

Lösung

O M V A N X Q H F W W K U A H T E B U

G F E D R E H C A M L E I P S S R W V

X G Y T B C A K R M O I G Q H L E P O

M A G V E L D M J E P K C V W X C G L

F L N F C G M C Y N H Q I X O U W T T

R H F T P B U S E W S E E H C F D D A

U C N F O O R E V H W H T T W T V I O

E S A S C H U S S K R E I S L C T K E

C B P Y O T R D F F T Z R A N S X B D

K A J V F H V F I R V D N D V E V A H

H I N S T T A Z C L S G M T Q Z K N D

A R B F T N P X W X E K W Q G Q N C A

N P L R G O G I T E Z J S T I V W L E

D D C R S V P H C K O H H I K P Z T V

S K I T M R C K Q O C Z Y W D J Q M Z

B F G C I E E F Y U P U T G G H J Q D

F Y H M R I H J R Q M U A V L A M L O

Z L T K O N U B D E V H J U F J I O Y

N C C Q C Q B I Z B W K J F K G P K L

J I B O V A T Y S U O G M O U G G V L

K T O X Y F G R F M F U I U C C N P U

U J X Q Y G X G T X W B W N C J B H B

X U Z M B D H Z E H X D O D X X C N H

L U G Q F M I I A E H A K O Y R X L Q

G	Z	T	A	A	M	R	T	A	M	R	Q	R	J	B	Z	T	D	I
M	V	X	X	I	F	U	G	Y	L	I	H	A	L	Q	I	M	D	Y
K	O	G	V	G	Z	U	N	F	E	T	H	J	U	L	F	V	X	T
L	A	O	L	N	I	D	T	J	R	D	K	D	G	G	A	K	H	H
I	T	C	Q	U	H	H	Y	Z	C	J	B	R	I	T	L	B	C	L
C	S	Y	A	B	U	E	E	I	P	R	U	C	L	W	V	C	U	F
X	C	Q	T	E	D	A	B	J	U	N	Z	V	L	X	N	T	T	Y
X	H	A	O	U	J	H	N	E	D	D	X	A	J	S	U	Z	K	E
G	N	C	A	E	E	P	U	L	B	A	M	U	O	U	X	A	U	H
G	E	Y	S	J	A	J	I	N	X	A	J	Q	G	I	N	Q	Z	B
Y	L	I	H	E	R	N	V	X	D	F	L	Q	Z	V	W	G	L	T
A	L	D	T	M	I	Y	N	V	V	E	N	L	V	I	K	W	O	B
Z	K	H	W	E	A	Z	V	O	D	I	K	W	W	B	D	Y	A	P
E	R	G	F	V	M	W	U	J	I	N	D	U	M	M	E	R	M	V
O	A	O	D	Z	U	V	Y	Z	W	D	O	X	R	O	C	J	O	I
P	F	L	P	G	S	G	A	J	I	U	A	D	O	V	K	Z	B	I
P	T	T	E	F	K	E	N	R	B	N	Y	T	X	S	E	G	D	D
X	V	G	M	O	G	B	E	O	Q	X	W	X	S	X	N	Q	T	W
T	X	O	G	B	B	P	V	H	R	W	X	I	V	A	O	E	J	Z
B	E	G	R	E	N	Z	U	N	G	S	L	I	N	I	E	P	C	N
B	Y	F	V	Q	B	Q	F	B	H	C	F	N	U	D	G	A	A	Q
E	U	W	Z	C	Q	N	X	X	X	B	R	F	R	F	B	H	I	O
Z	P	E	M	H	S	Y	I	P	N	D	X	U	H	G	L	G	J	G
F	U	Y	L	W	A	R	G	E	N	T	I	N	I	S	C	H	L	Z

BALL
STADION
HEBEBALL
HUNDEKURVE
ARGENTINISCH

DECKEN
SCHNELLKRAFT
GRUNDLINIE
UEBUNG
BEGRENZUNGSLINIE

Lösung

G	Z	T	A	A	M	R	T	A	M	R	Q	R	J	B	Z	T	D	I
M	V	X	X	I	F	U	G	Y	L	I	H	A	L	Q	I	M	D	Y
K	O	G	V	G	Z	U	N	F	E	T	H	J	U	L	F	V	X	T
L	A	O	L	N	I	D	T	J	R	D	K	D	G	G	A	K	H	H
I	T	C	Q	U	H	H	Y	Z	C	J	B	R	I	T	L	B	C	L
C	S	Y	A	B	U	E	E	I	P	R	U	C	L	W	V	C	U	F
X	C	Q	T	E	D	A	B	J	U	N	Z	V	L	X	N	T	T	Y
X	H	A	O	U	J	H	N	E	D	D	X	A	J	S	U	Z	K	E
G	N	C	A	E	E	P	U	L	B	A	M	U	O	U	X	A	U	H
G	E	Y	S	J	A	J	I	N	X	A	J	Q	G	I	N	Q	Z	B
Y	L	I	H	E	R	N	V	X	D	F	L	Q	Z	V	W	G	L	T
A	L	D	T	M	I	Y	N	V	V	E	N	L	V	I	K	W	O	B
Z	K	H	W	E	A	Z	V	O	D	I	K	W	W	B	D	Y	A	P
E	R	G	F	V	M	W	U	J	I	N	D	U	M	M	E	R	M	V
O	A	O	D	Z	U	V	Y	Z	W	D	O	X	R	O	C	J	O	I
P	F	L	P	G	S	G	A	J	I	U	A	D	O	V	K	Z	B	I
P	T	T	E	F	K	E	N	R	B	N	Y	T	X	S	E	G	D	D
X	V	G	M	O	G	B	E	O	Q	X	W	X	S	X	N	Q	T	W
T	X	O	G	B	B	P	V	H	R	W	X	I	V	A	O	E	J	Z
B	E	G	R	E	N	Z	U	N	G	S	L	I	N	I	E	P	C	N
B	Y	F	V	Q	B	Q	F	B	H	C	F	N	U	D	G	A	A	Q
E	U	W	Z	C	Q	N	X	X	X	B	R	F	R	F	B	H	I	O
Z	P	E	M	H	S	Y	I	P	N	D	X	U	H	G	L	G	J	G
F	U	Y	L	W	A	R	G	E	N	T	I	N	I	S	C	H	L	Z

V Q C E L X E V K Y E P J Z H M B Y P
T X I Y V W K Z O W S T C L N K K E U
N C W E P Y E I N E Q T Z F E L U M E
P S V I I B R Q T L G Y Z H Q F V M C
P Y U R D A P X E T K E G A O F Q I J
M I O A J J R A R K F S U Y J M E I D
A H X P N E L M V L T G I M K M B B U
M C R S Y E E W Q A R X I O G K K R A
T M L K U X T U S S O A R U D Z O H M
A Q I W F E M I V S P Y W H H B U A L
X E I X C L C I E E H G N X O D B G X
M B S K H T R K P S A I V I C D R K O
Z G I O W K H U E D E W V D Z B X N U
F A C L V E C Z O N E N L D O F J I U
O H W F Z D Q S H F S X W C Z W E J U
U G E P T M Y R A Q L C C J L O C D I
R T B A E D N I B M R A H L F U L E P
S Q H B F W J P L O S J N U X M H G Y
P Z K H T S X L J K B X B I E T L M X
I Z M W A T L W I Y I H G P F T Z K R
E O P I G E L E C Q N C P J V A Z Q L
L E B G B S R B N H K E K E T X J E M
G B J A V P W P B D L I D E J M R W T
A B N F K Y F L E G Z B C R R C Q B W

HOCH
KONTER
WELTKLASSE
TROPHAEE
KICKER

SEITENAUS
FINALFOUR
ARMBINDE
ECKENSCHUETZE
FOURSPIEL

Lösung

V	Q	C	E	L	X	E	V	K	Y	E	P	J	Z	H	M	B	Y	P
T	X	I	Y	V	W	K	Z	O	W	S	T	C	L	N	K	K	E	U
N	C	W	E	P	Y	E	I	N	E	Q	T	Z	F	E	L	U	M	E
P	S	V	I	I	B	R	Q	T	L	G	Y	Z	H	Q	F	V	M	C
P	Y	U	R	D	A	P	X	E	T	K	E	G	A	O	F	Q	I	J
M	I	O	A	J	J	R	A	R	K	F	S	U	Y	J	M	E	I	D
A	H	X	P	N	E	L	M	V	L	T	G	I	M	K	M	B	B	U
M	C	R	S	Y	E	E	W	Q	A	R	X	I	O	G	K	K	R	A
T	M	L	K	U	X	T	U	S	S	O	A	R	U	D	Z	O	H	M
A	Q	I	W	F	E	M	I	V	S	P	Y	W	H	H	B	U	A	L
X	E	I	X	C	L	C	I	E	E	H	G	N	X	O	D	B	G	X
M	B	S	K	H	T	R	K	P	S	A	I	V	I	C	D	R	K	O
Z	G	I	O	W	K	H	U	E	D	E	W	V	D	Z	B	X	N	U
F	A	C	L	V	E	C	Z	O	N	E	N	L	D	O	F	J	I	U
O	H	W	F	Z	D	Q	S	H	F	S	X	W	C	Z	W	E	J	U
U	G	E	P	T	M	Y	R	A	Q	L	C	C	J	L	O	C	D	I
R	T	B	A	E	D	N	I	B	M	R	A	H	L	F	U	L	E	P
S	Q	H	B	F	W	J	P	L	O	S	J	N	U	X	M	H	G	Y
P	Z	K	H	T	S	X	L	J	K	B	X	B	I	E	T	L	M	X
I	Z	M	W	A	T	L	W	I	Y	I	H	G	P	F	T	Z	K	R
E	O	P	I	G	E	L	E	C	Q	N	C	P	J	V	A	Z	Q	L
L	E	B	G	B	S	R	B	N	H	K	E	K	E	T	X	J	E	M
G	B	J	A	V	P	W	P	B	D	L	I	D	E	J	M	R	W	T
A	B	N	F	K	Y	F	L	E	G	Z	B	C	R	R	C	Q	B	W

R	E	L	E	I	P	S	R	E	T	N	O	K	E	K	P	A	L	Z
B	V	G	J	O	E	H	W	C	O	X	W	J	R	Z	H	M	F	S
G	C	C	L	T	P	G	T	C	R	K	R	M	I	I	Y	F	I	I
H	O	M	W	F	M	T	X	L	A	Q	A	D	K	N	J	W	I	E
T	O	F	T	X	O	J	A	V	Y	P	L	D	H	Y	H	L	P	G
R	M	G	N	Q	G	E	H	C	A	R	P	S	N	A	O	D	I	E
O	F	F	O	F	N	D	M	L	V	G	U	T	J	U	R	E	N	S
S	L	L	N	D	T	I	G	F	V	E	I	N	I	L	R	O	T	W
G	V	P	K	I	B	B	W	V	F	F	T	P	P	J	I	R	U	I
N	Y	L	T	Y	L	W	Y	V	Z	G	F	F	B	T	E	U	U	L
U	S	B	M	V	L	K	L	I	N	D	M	V	A	R	U	F	Z	L
G	I	R	Z	Y	L	A	W	E	L	G	I	V	Q	M	R	A	N	E
A	H	P	T	A	F	P	H	Y	F	Y	I	D	X	W	J	M	I	Y
R	Z	S	R	Z	Q	D	F	U	M	T	O	I	D	T	B	C	R	F
T	E	J	A	D	L	A	J	X	O	B	A	R	G	P	V	X	J	M
S	Z	R	W	X	X	P	R	M	Y	B	G	T	E	W	V	X	S	I
U	Q	Q	R	Z	B	E	R	M	A	H	N	U	N	G	J	A	D	I
A	I	L	O	Z	U	T	X	C	H	L	L	T	M	U	T	M	C	N
X	V	P	T	O	W	K	H	S	J	L	V	X	N	N	J	L	S	N
N	B	X	O	G	T	U	T	N	D	N	H	X	D	B	L	B	I	P
U	V	X	C	S	C	H	I	E	B	E	B	A	L	L	D	E	U	R
R	E	U	K	X	D	L	E	F	B	L	A	H	R	J	D	R	J	Z
G	F	V	Z	C	D	O	C	G	P	X	J	G	C	Y	G	W	Y	W
H	J	F	X	C	Y	R	R	H	R	G	C	F	G	Q	A	U	R	I

TORLINIE
ANSPRACHE
TORWART
SCHIEBEBALL
MOTIVATION
KONTERSPIELER
HALBFELD
ERMAHNUNG
AUSTRAGUNGSORT
SIEGESWILLE

Lösung

R	E	L	E	I	P	S	R	E	T	N	O	K	E	K	P	A	L	Z
B	V	G	J	O	E	H	W	C	O	X	W	J	R	Z	H	M	F	S
G	C	C	L	T	P	G	T	C	R	K	R	M	I	I	Y	F	I	I
H	O	M	W	F	M	T	X	L	A	Q	A	D	K	N	J	W	I	E
T	O	F	T	X	O	J	A	V	Y	P	L	D	H	Y	H	L	P	G
R	M	G	N	Q	G	E	H	C	A	R	P	S	N	A	O	D	I	E
O	F	F	O	F	N	D	M	L	V	G	U	T	J	U	R	E	N	S
S	L	L	N	D	T	I	G	F	V	E	I	N	I	L	R	O	T	W
G	V	P	K	I	B	B	W	V	F	F	T	P	P	J	I	R	U	I
N	Y	L	T	Y	L	W	Y	V	Z	G	F	F	B	T	E	U	U	L
U	S	B	M	V	L	K	L	I	N	D	M	V	A	R	U	F	Z	L
G	I	R	Z	Y	L	A	W	E	L	G	I	V	Q	M	R	A	N	E
A	H	P	T	A	F	P	H	Y	F	Y	I	D	X	W	J	M	I	Y
R	Z	S	R	Z	Q	D	F	U	M	T	O	I	D	T	B	C	R	F
T	E	J	A	D	L	A	J	X	O	B	A	R	G	P	V	X	J	M
S	Z	R	W	X	X	P	R	M	Y	B	G	T	E	W	V	X	S	I
U	Q	Q	R	Z	B	E	R	M	A	H	N	U	N	G	J	A	D	I
A	I	L	O	Z	U	T	X	C	H	L	L	T	M	U	T	M	C	N
X	V	P	T	O	W	K	H	S	J	L	V	X	N	N	J	L	S	N
N	B	X	O	G	T	U	T	N	D	N	H	X	D	B	L	B	I	P
U	V	X	C	S	C	H	I	E	B	E	B	A	L	L	D	E	U	R
R	E	U	K	X	D	L	E	F	B	L	A	H	R	J	D	R	J	Z
G	F	V	Z	C	D	O	C	G	P	X	J	G	C	Y	G	W	Y	W
H	J	F	X	C	Y	R	R	H	R	G	C	F	G	Q	A	U	R	I

N	J	B	M	G	S	E	H	Q	D	N	G	A	B	G	Z	S	S	N
W	L	M	D	P	Q	K	V	R	K	H	S	V	O	N	Z	S	F	P
D	B	L	O	F	U	C	L	F	C	V	R	I	J	W	Y	M	G	N
K	W	W	N	Y	G	E	Z	S	D	I	X	F	E	M	X	B	O	Z
O	U	I	G	V	G	E	F	Y	T	P	X	A	J	G	U	I	Y	G
U	U	O	D	M	U	Z	W	H	Y	P	D	R	H	U	T	S	D	M
K	Q	R	I	Z	U	R	J	H	S	J	B	F	W	A	E	L	B	S
T	H	X	I	D	U	U	M	T	L	Y	D	N	N	P	Z	O	N	R
N	T	D	K	O	G	K	R	N	Y	Y	F	I	K	I	R	T	Q	E
A	C	C	H	G	Z	A	M	J	L	B	D	N	E	G	A	R	L	G
M	D	W	N	I	F	G	S	P	E	R	S	H	A	R	B	K	P	E
T	H	Y	X	E	S	W	U	R	O	U	E	C	H	L	S	W	M	L
A	X	I	S	R	C	J	O	O	J	R	G	D	I	U	W	G	Z	V
K	U	B	W	D	H	B	K	B	D	R	B	V	K	J	V	T	Q	E
V	A	Z	C	Y	L	P	Z	P	D	E	S	R	W	W	I	A	H	R
Y	T	P	N	M	A	A	E	A	B	H	T	F	F	S	S	C	M	S
F	P	P	Y	O	G	Q	I	F	A	L	R	R	E	Y	D	E	E	T
X	K	K	E	S	T	J	T	C	U	F	K	B	A	T	U	Q	S	O
Y	K	G	D	L	E	P	S	M	J	N	L	L	Y	I	S	U	M	S
S	A	V	E	F	C	R	T	S	G	L	J	A	E	K	N	C	A	S
C	P	L	V	Y	H	B	O	J	A	H	H	X	T	C	K	I	D	R
F	X	O	B	U	N	L	P	B	L	Y	X	D	H	G	C	H	N	W
B	P	L	Z	A	I	B	P	W	X	U	O	J	F	W	O	L	R	G
S	F	W	Q	Y	K	H	E	T	U	K	X	K	U	R	P	C	U	A

BALLBESITZ
ZEITSTOPP
SCHLAGTECHNIK
REGELVERSTOSS
KOORDINATION

SIEG
STRAFE
KURZEECKE
TRAINING
ZIEHER

Lösung

N	J	B	M	G	S	E	H	Q	D	N	G	A	B	G	Z	S	S	N
W	L	M	D	P	Q	K	V	R	K	H	S	V	O	N	Z	S	F	P
D	B	L	O	F	U	C	L	F	C	V	R	I	J	W	Y	M	G	N
K	W	W	N	Y	G	E	Z	S	D	I	X	F	E	M	X	B	O	Z
O	U	I	G	V	G	E	F	Y	T	P	X	A	J	G	U	I	Y	G
U	U	O	D	M	U	Z	W	H	Y	P	D	R	H	U	T	S	D	M
K	Q	R	I	Z	U	R	J	H	S	J	B	F	W	A	E	L	B	S
T	H	X	I	D	U	U	M	T	L	Y	D	N	N	P	Z	O	N	R
N	T	D	K	O	G	K	R	N	Y	Y	F	I	K	I	R	T	Q	E
A	C	C	H	G	Z	A	M	J	L	B	D	N	E	G	A	R	L	G
M	D	W	N	I	F	G	S	P	E	R	S	H	A	R	B	K	P	E
T	H	Y	X	E	S	W	U	R	O	U	E	C	H	L	S	W	M	L
A	X	I	S	R	C	J	O	O	J	R	G	D	I	U	W	G	Z	V
K	U	B	W	D	H	B	K	B	D	R	B	V	K	J	V	T	Q	E
V	A	Z	C	Y	L	P	Z	P	D	E	S	R	W	W	I	A	H	R
Y	T	P	N	M	A	A	E	A	B	H	T	F	F	S	S	C	M	S
F	P	P	Y	O	G	Q	I	F	A	L	R	R	E	Y	D	E	E	T
X	K	K	E	S	T	J	T	C	U	F	K	B	A	T	U	Q	S	O
Y	K	G	D	L	E	P	S	M	J	N	L	L	Y	I	S	U	M	S
S	A	V	E	F	C	R	T	S	G	L	J	A	E	K	N	C	A	S
C	P	L	V	Y	H	B	O	J	A	H	H	X	T	C	K	I	D	R
F	X	O	B	U	N	L	P	B	L	Y	X	D	H	G	C	H	N	W
B	P	L	Z	A	I	B	P	W	X	U	O	J	F	W	O	L	R	G
S	F	W	Q	Y	K	H	E	T	U	K	X	K	U	R	P	C	U	A

A	V	R	R	E	G	V	Y	O	P	I	T	D	P	C	Y	Z	F	Y
E	A	W	C	T	G	V	U	L	U	W	N	H	G	F	U	S	S	B
H	X	M	K	D	F	N	Q	H	T	N	Z	T	A	Z	C	L	H	J
V	H	T	M	K	G	F	A	I	R	Z	T	H	A	V	O	A	A	W
M	E	A	K	W	L	T	O	H	F	H	N	A	O	F	C	H	A	I
H	O	C	T	O	A	N	D	R	C	E	I	G	K	N	Y	D	Y	P
M	R	G	N	O	U	H	E	N	N	R	G	X	B	G	N	U	Q	L
N	H	V	Z	Q	V	O	S	S	T	F	E	D	Y	P	B	Y	O	R
M	I	C	F	Y	C	E	T	R	C	S	D	T	P	T	H	F	C	I
T	V	G	U	F	F	A	O	Z	F	E	S	O	N	U	A	A	C	P
R	X	N	I	M	N	K	R	X	C	I	F	K	J	I	N	F	P	Q
Q	K	U	V	G	Y	A	L	P	R	I	A	F	J	B	D	S	K	H
B	R	G	E	H	D	D	S	F	V	M	U	N	T	K	Q	E	P	T
R	O	I	W	J	N	R	E	L	H	E	F	L	E	S	H	C	E	W
E	J	D	N	C	Y	K	Y	S	O	H	P	T	Q	K	F	T	T	S
R	K	I	F	O	O	O	P	L	H	U	M	U	Y	I	K	D	T	P
E	G	E	F	G	H	D	P	A	G	O	Y	D	L	Y	I	O	V	Y
I	V	T	L	N	Y	Z	L	V	L	L	O	Y	R	X	H	R	Z	G
L	R	R	W	E	U	K	M	V	F	B	M	T	G	K	I	Q	F	I
R	J	E	U	N	W	U	F	G	S	R	G	L	O	N	E	Y	J	S
E	S	V	E	H	L	P	S	H	K	O	H	S	Y	U	G	O	T	Z
V	Q	G	Z	E	Y	T	X	C	A	Z	B	U	H	F	T	O	P	I
T	N	M	Q	D	C	W	U	Z	K	M	V	I	R	W	C	T	N	I
M	D	E	T	S	D	C	D	I	X	I	P	L	M	K	N	S	W	H

WECHSELFEHLER
FAIRPLAY
STOCK
FUSS
DEHNEN

VERLIERER
INTERCHANGE
SHOOTOUT
FAHNENSTANGE
VERTEIDIGUNG

Lösung

A	V	R	R	E	G	V	Y	O	P	I	T	D	P	C	Y	Z	F	Y
E	A	W	C	T	G	V	U	L	U	W	N	H	G	F	U	S	S	B
H	X	M	K	D	F	N	Q	H	T	N	Z	T	A	Z	C	L	H	J
V	H	T	M	K	G	F	A	I	R	Z	T	H	A	V	O	A	A	W
M	E	A	K	W	L	T	O	H	F	H	N	A	O	F	C	H	A	I
H	O	C	T	O	A	N	D	R	C	E	I	G	K	N	Y	D	Y	P
M	R	G	N	O	U	H	E	N	N	R	G	X	B	G	N	U	Q	L
N	H	V	Z	Q	V	O	S	S	T	F	E	D	Y	P	B	Y	O	R
M	I	C	F	Y	C	E	T	R	C	S	D	T	P	T	H	F	C	I
T	V	G	U	F	F	A	O	Z	F	E	S	O	N	U	A	A	C	P
R	X	N	I	M	N	K	R	X	C	I	F	K	J	I	N	F	P	Q
Q	K	U	V	G	Y	A	L	P	R	I	A	F	J	B	D	S	K	H
B	R	G	E	H	D	D	S	F	V	M	U	N	T	K	Q	E	P	T
R	O	I	W	J	N	R	E	L	H	E	F	L	E	S	H	C	E	W
E	J	D	N	C	Y	K	Y	S	O	H	P	T	Q	K	F	T	T	S
R	K	I	F	O	O	O	P	L	H	U	M	U	Y	I	K	D	T	P
E	G	E	F	G	H	D	P	A	G	O	Y	D	L	Y	I	O	V	Y
I	V	T	L	N	Y	Z	L	V	L	L	O	Y	R	X	H	R	Z	G
L	R	R	W	E	U	K	M	V	F	B	M	T	G	K	I	Q	F	I
R	J	E	U	N	W	U	F	G	S	R	G	L	O	N	E	Y	J	S
E	S	V	E	H	L	P	S	H	K	O	H	S	Y	U	G	O	T	Z
V	Q	G	Z	E	Y	T	X	C	A	Z	B	U	H	F	T	O	P	I
T	N	M	Q	D	C	W	U	Z	K	M	V	I	R	W	C	T	N	I
M	D	E	T	S	D	C	D	I	X	I	P	L	M	K	N	S	W	H

W R E G E L N H B X P G B I E R L M V
P D B L U Z E W F E H U B S E O M B U
K G J E V Y U N I S H O P O G T Z P U
N M N Q I L Y E M W J I H Q K E S E B
J X Z U C C E R O T E K A R T E T G C
Q B U O R B W L C L H C B F Z M R D T
O Q K A Y E J H B W U N A Y T Z A W W
Y U W B F X G E F X D H Q V L L T C Y
G O Y Q X B G N F G C E H A U S E S F
P M Q R J I G P E S W K I S E R G X N
F S L R N Z S N N A P F S Y J E I E H
F D W N O W U N V D L U C C I I E R I
Z Z R W W D A S Q I H R E E F N I B T
O L O R P M A G C C T W E H P G D C T
E N N F F X N Z S H R L S V F E R L C
K M N Q H F P R A I A F W O C B I W S
K D Q P X X O M X U T U A A J E K W F
Z M V G T T F F I U B G E M M R H N Q
I R H Y P A Q R R C I Q O R B F I F I
D V Q E P T S W E L U S Q S D M T U A
X K R Y I F T A O M G C X U T N E O F
I N N E N B A H N N R Q J H W D P S Z
T U W F W D Q M J V O E W S A J Z X A
L T E Q F Z G Z X O T P F W U L K Z D

TORSCHUSS
MANNSCHAFT
STRATEGIE
ZUSCHAUER
VERLAENGERUNG

REGELN
ROTEKARTE
INNENBAHN
SPIELBEGINN
REINGEBER

Lösung

W	R	E	G	E	L	N	H	B	X	P	G	B	I	E	R	L	M	V
P	D	B	L	U	Z	E	W	F	E	H	U	B	S	E	O	M	B	U
K	G	J	E	V	Y	U	N	I	S	H	O	P	O	G	T	Z	P	U
N	M	N	Q	I	L	Y	E	M	W	J	I	H	Q	K	E	S	E	B
J	X	Z	U	C	C	E	R	O	T	E	K	A	R	T	E	T	G	C
Q	B	U	O	R	B	W	L	C	L	H	C	B	F	Z	M	R	D	T
O	Q	K	A	Y	E	J	H	B	W	U	N	A	Y	T	Z	A	W	W
Y	U	W	B	F	X	G	E	F	X	D	H	Q	V	L	L	T	C	Y
G	O	Y	Q	X	B	G	N	F	G	C	E	H	A	U	S	E	S	F
P	M	Q	R	J	I	G	P	E	S	W	K	I	S	E	R	G	X	N
F	S	L	R	N	Z	S	N	N	A	P	F	S	Y	J	E	I	E	H
F	D	W	N	O	W	U	N	V	D	L	U	C	C	I	I	E	R	I
Z	Z	R	W	W	D	A	S	Q	I	H	R	E	E	F	N	I	B	T
O	L	O	R	P	M	A	G	C	C	T	W	E	H	P	G	D	C	T
E	N	N	F	F	X	N	Z	S	H	R	L	S	V	F	E	R	L	C
K	M	N	Q	H	F	P	R	A	I	A	F	W	O	C	B	I	W	S
K	D	Q	P	X	X	O	M	X	U	T	U	A	A	J	E	K	W	F
Z	M	V	G	T	T	F	F	I	U	B	G	E	M	M	R	H	N	Q
I	R	H	Y	P	A	Q	R	R	C	I	Q	O	R	B	F	I	F	I
D	V	Q	E	P	T	S	W	E	L	U	S	Q	S	D	M	T	U	A
X	K	R	Y	I	F	T	A	O	M	G	C	X	U	T	N	E	O	F
I	N	N	E	N	B	A	H	N	N	R	Q	J	H	W	D	P	S	Z
T	U	W	F	W	D	Q	M	J	V	O	E	W	S	A	J	Z	X	A
L	T	E	Q	F	Z	G	Z	X	O	T	P	F	W	U	L	K	Z	D

W	R	Z	T	F	A	X	A	W	D	L	W	I	S	E	J	F	U	N
H	T	C	V	D	M	V	M	E	J	M	V	G	C	I	H	J	S	P
H	I	U	Z	E	O	Z	M	H	K	T	Z	L	H	S	G	P	I	J
V	X	R	O	Q	J	O	X	X	L	Y	I	T	W	B	R	L	A	Y
Y	Q	A	E	Z	I	E	B	J	F	G	V	J	W	R	U	D	U	G
V	J	Z	G	V	B	M	W	Y	X	T	J	O	U	V	E	G	V	O
K	B	J	H	Y	Q	Q	G	X	H	N	N	O	Z	E	N	B	T	H
U	H	H	H	S	D	T	G	N	J	P	M	B	M	B	E	E	B	O
X	E	W	Y	I	N	T	E	R	V	I	E	W	F	W	K	H	E	E
Q	K	Q	G	D	H	X	B	O	J	Z	P	I	T	N	A	J	Q	R
U	W	B	R	A	W	V	G	G	F	Y	Q	R	X	L	R	O	R	E
H	P	Q	U	I	L	Y	W	E	R	M	V	T	P	R	T	G	R	F
W	T	M	A	O	R	H	L	E	I	U	J	J	T	O	E	G	K	U
P	J	Y	B	C	E	G	C	E	R	T	I	O	M	M	V	J	N	E
E	K	M	F	H	F	F	M	S	I	M	S	X	Y	A	H	O	B	A
O	B	V	U	R	I	F	J	K	K	P	G	B	M	H	H	D	E	L
A	M	M	A	K	E	S	S	N	F	C	S	V	A	H	Z	I	Q	S
T	M	D	L	L	R	Z	A	S	E	O	O	P	O	D	C	B	G	U
Z	N	L	E	B	G	Q	N	H	M	A	E	T	O	H	N	R	H	A
V	C	K	I	Q	N	N	W	E	S	S	T	P	S	T	E	B	C	R
O	G	J	P	H	A	L	S	J	L	B	Q	I	Y	G	K	S	V	H
B	B	A	S	K	O	Z	R	I	H	H	X	Q	P	O	X	U	Z	M
V	Y	U	X	P	T	R	W	W	F	K	C	R	L	A	N	Z	I	X
L	D	A	L	L	B	N	U	S	W	U	O	S	U	T	K	V	D	W

10

TOPSPIEL
SPIELAUFBAU
RAUSLAEUFER
KAPITAEN
INTERVIEW
STOCKSCHLAG
SCHLENZER
ANGREIFER
GRUENEKARTE
ABSTIEG

Lösung

W	R	Z	T	F	A	X	A	W	D	L	W	I	S	E	J	F	U	N
H	T	C	V	D	M	V	M	E	J	M	V	G	C	I	H	J	S	P
H	I	U	Z	E	O	Z	M	H	K	T	Z	L	H	S	G	P	I	J
V	X	R	O	Q	J	O	X	X	L	Y	I	T	W	B	R	L	A	Y
Y	Q	A	E	Z	I	E	B	J	F	G	V	J	W	R	U	D	U	G
V	J	Z	G	V	B	M	W	Y	X	T	J	O	U	V	E	G	V	O
K	B	J	H	Y	Q	Q	G	X	H	N	N	O	Z	E	N	B	T	H
U	H	H	H	S	D	T	G	N	J	P	M	B	M	B	E	E	B	O
X	E	W	Y	I	N	T	E	R	V	I	E	W	F	W	K	H	E	E
Q	K	Q	G	D	H	X	B	O	J	Z	P	I	T	N	A	J	Q	R
U	W	B	R	A	W	V	G	G	F	Y	Q	R	X	L	R	O	R	E
H	P	Q	U	I	L	Y	W	E	R	M	V	T	P	R	T	G	R	F
W	T	M	A	O	R	H	L	E	I	U	J	J	T	O	E	G	K	U
P	J	Y	B	C	E	G	C	E	R	T	I	O	M	M	V	J	N	E
E	K	M	F	H	F	F	M	S	I	M	S	X	Y	A	H	O	B	A
O	B	V	U	R	I	F	J	K	K	P	G	B	M	H	H	D	E	L
A	M	M	A	K	E	S	S	N	F	C	S	V	A	H	Z	I	Q	S
T	M	D	L	L	R	Z	A	S	E	O	O	P	O	D	C	B	G	U
Z	N	L	E	B	G	Q	N	H	M	A	E	T	O	H	N	R	H	A
V	C	K	I	Q	N	N	W	E	S	S	T	P	S	T	E	B	C	R
O	G	J	P	H	A	L	S	J	L	B	Q	I	Y	G	K	S	V	H
B	B	A	S	K	O	Z	R	I	H	H	X	Q	P	O	X	U	Z	M
V	Y	U	X	P	T	R	W	W	F	K	C	R	L	A	N	Z	I	X
L	D	A	L	L	B	N	U	S	W	U	O	S	U	T	K	V	D	W

Y	A	D	J	E	Q	A	Z	G	X	M	Q	J	B	U	J	O	H	H
S	N	D	L	W	E	O	E	W	W	E	V	C	I	W	U	G	P	P
C	S	I	P	I	L	K	H	K	W	T	H	Z	T	U	Q	Y	K	N
I	V	L	H	E	I	O	O	A	S	O	E	S	U	V	Z	H	A	R
D	N	U	N	D	J	T	U	K	X	I	E	D	R	K	C	N	L	Q
F	E	O	N	X	P	A	Q	V	M	U	E	X	E	U	W	P	H	R
S	R	K	N	F	O	K	B	O	C	I	K	N	D	A	M	O	O	E
S	R	O	X	M	Z	T	K	W	N	H	W	Q	N	N	A	G	E	L
N	E	N	L	Y	P	I	R	I	M	K	O	C	I	G	E	R	U	H
K	P	Z	V	S	K	K	L	N	A	B	E	J	K	R	G	L	B	E
Q	S	T	U	O	L	L	J	D	I	E	D	A	L	I	J	H	L	F
R	L	U	H	X	E	F	V	X	R	Y	D	Y	L	F	I	N	Z	I
J	L	O	W	T	H	G	D	O	J	D	B	V	A	F	H	M	L	X
R	A	M	R	R	S	F	F	C	L	D	G	E	B	S	O	Q	R	Q
O	B	E	F	P	Z	C	Y	T	Z	D	L	R	E	S	V	D	T	C
Z	I	Y	W	T	J	T	H	A	H	H	Y	L	M	P	V	Z	M	J
V	Q	Y	H	U	K	N	M	I	Z	I	X	U	H	I	Z	G	P	A
N	V	F	R	K	Z	C	R	C	E	O	T	S	E	E	K	U	F	W
Z	Y	E	N	W	E	R	O	E	Q	B	N	T	R	L	X	U	B	D
R	G	E	S	L	Z	K	B	Y	F	F	E	P	O	E	L	E	S	G
O	Y	H	F	S	C	H	L	E	N	Z	E	N	T	R	U	C	C	A
D	L	Z	N	P	B	J	V	P	R	C	W	D	Z	G	W	A	E	A
D	E	E	S	W	D	K	B	Y	M	Y	R	U	Z	J	Q	H	K	A
F	T	Q	P	R	C	W	G	J	R	U	U	G	Z	C	M	W	Z	R

SCHIEBEN
FEHLER
BALLSPERRE
TORE
VERLUST

TAKTIK
VIERTELLINIE
ANGRIFFSSPIELER
SCHLENZEN
BALLKINDER

Lösung

Y A D J E Q A Z G X M Q J B U J O H H
S N D L W E O E W W E V C I W U G P P
C S I P I L K H K W T H Z T U Q Y K N
I V L H E I O O A S O E S U V Z H A R
D N U N D J T U K X I E D R K C N L Q
F E O N X P A Q V M U E X E U W P H R
S R K N F O K B O C I K N D A M O O E
S R O X M Z T K W N H W Q N N A G E L
N E N L Y P I R I M K O C I G E R U H
K P Z V S K K L N A B E J K R G L B E
Q S T U O L L J D I E D A L I J H L F
R L U H X E F V X R Y D Y L F I N Z I
J L O W T H G D O J D B V A F H M L X
R A M R R S F F C L D G E B S O Q R Q
O B E F P Z C Y T Z D L R E S V D T C
Z I Y W T J T H A H H Y L M P V Z M J
V Q Y H U K N M I Z I X U H I Z G P A
N V F R K Z C R C E O T S E E K U F W
Z Y E N W E R O E Q B N T R L X U B D
R G E S L Z K B Y F F E P O E L E S G
O Y H F S C H L E N Z E N T R U C C A
D L Z N P B J V P R C W D Z G W A E A
D E E S W D K B Y M Y R U Z J Q H K A
F T Q P R C W G J R U U G Z C M W Z R

T	U	D	M	Q	R	T	H	D	J	G	Q	A	M	L	L	C	J	I
M	N	A	O	C	T	I	X	G	E	O	P	J	M	O	A	K	U	V
X	P	T	P	Y	M	T	P	S	A	H	M	K	P	K	B	J	H	S
N	V	U	J	V	Y	J	F	M	T	U	O	S	A	D	S	L	G	T
Y	B	V	P	Y	Z	G	S	E	J	Y	T	M	E	L	X	T	J	Q
O	Z	Z	T	A	C	X	R	N	P	S	R	T	C	A	D	F	Q	P
E	N	L	O	R	M	Z	A	M	C	H	B	T	I	O	K	C	S	E
W	A	V	E	B	W	M	Y	I	C	F	H	C	T	G	I	G	D	K
I	L	W	M	I	R	V	V	M	E	Z	S	T	N	N	N	X	F	Z
V	F	D	N	Z	P	I	W	L	T	D	S	E	Y	E	B	G	Y	O
L	J	V	M	K	N	S	D	I	C	O	G	J	F	D	R	K	O	Q
G	E	S	E	S	O	S	S	P	U	E	K	L	Y	L	E	Y	Y	T
J	T	S	P	F	P	U	O	E	L	K	I	I	W	O	T	Z	J	S
M	I	T	H	I	K	G	S	T	R	N	C	M	R	G	T	C	T	R
B	Z	T	E	C	R	E	T	I	I	I	P	P	U	T	S	K	O	X
L	H	L	M	T	E	E	O	E	X	U	A	Z	E	N	P	A	Z	Y
G	E	D	X	Z	R	W	N	G	B	B	P	F	S	A	I	A	F	R
R	H	E	P	B	C	V	R	B	W	A	V	V	N	T	E	K	D	T
D	D	J	D	U	B	W	Y	E	E	U	D	W	B	U	L	J	U	Y
S	R	G	T	X	J	H	W	P	L	R	I	M	I	F	E	Q	W	Y
F	F	L	Q	D	W	K	N	L	K	E	W	A	D	Q	N	R	U	Y
M	F	Z	O	S	N	M	L	M	F	J	I	Q	G	R	W	E	E	G
S	T	E	C	H	E	R	Y	Q	Z	A	C	P	P	W	D	A	D	G
A	S	M	A	U	F	S	T	I	E	G	A	B	S	G	Z	I	C	A

12

GOLDENGOAL
AUFSTIEG
TRIKOT
FELDSPIELER
STECHER

BRETTLEGEN
LINIEN
SPIELERWECHSEL
UNFAIRESSPIEL
INBRETTSPIELEN

Lösung

T	U	D	M	Q	R	T	H	D	J	G	Q	A	M	L	L	C	J	I
M	N	A	O	C	T	I	X	G	E	O	P	J	M	O	A	K	U	V
X	P	T	P	Y	M	T	P	S	A	H	M	K	P	K	B	J	H	S
N	V	U	J	V	Y	J	F	M	T	U	O	S	A	D	S	L	G	T
Y	B	V	P	Y	Z	G	S	E	J	Y	T	M	E	L	X	T	J	Q
O	Z	Z	T	A	C	X	R	N	P	S	R	T	C	A	D	F	Q	P
E	N	L	O	R	M	Z	A	M	C	H	B	T	I	O	K	C	S	E
W	A	V	E	B	W	M	Y	I	C	F	H	C	T	G	I	G	D	K
I	L	W	M	I	R	V	V	M	E	Z	S	T	N	N	N	X	F	Z
V	F	D	N	Z	P	I	W	L	T	D	S	E	Y	E	B	G	Y	O
L	J	V	M	K	N	S	D	I	C	O	G	J	F	D	R	K	O	Q
G	E	S	E	S	O	S	S	P	U	E	K	L	Y	L	E	Y	Y	T
J	T	S	P	F	P	U	O	E	L	K	I	I	W	O	T	Z	J	S
M	I	T	H	I	K	G	S	T	R	N	C	M	R	G	T	C	T	R
B	Z	T	E	C	R	E	T	I	I	I	P	P	U	T	S	K	O	X
L	H	L	M	T	E	E	O	E	X	U	A	Z	E	N	P	A	Z	Y
G	E	D	X	Z	R	W	N	G	B	B	P	F	S	A	I	A	F	R
R	H	E	P	B	C	V	R	B	W	A	V	V	N	T	E	K	D	T
D	D	J	D	U	B	W	Y	E	E	U	D	W	B	U	L	J	U	Y
S	R	G	T	X	J	H	W	P	L	R	I	M	I	F	E	Q	W	Y
F	F	L	Q	D	W	K	N	L	K	E	W	A	D	Q	N	R	U	Y
M	F	Z	O	S	N	M	L	M	F	J	I	Q	G	R	W	E	E	G
S	T	E	C	H	E	R	Y	Q	Z	A	C	P	P	W	D	A	D	G
A	S	M	A	U	F	S	T	I	E	G	A	B	S	G	Z	I	C	A

I M V Y G F P M S K D V C L L Q W Q U
P I O C N E M E Q A O V R Q K N V P C
F N O E U J H V H T W W V H P Q W M L
N E N M D Z J B X N O W H S K D E U R
S C K N I X T S X Y J Y Y A N L W A V
Y R F D E B S U G T P X B A Y I Q N B
C U S A H U U H V K J A T Z T H L W A
F N J B C T C N O O S S D X F M O P N
U J C D S O X G Q U L W N J A S N M V
V D Z H T R K I R E T U P F H R A N X
Y E Y B N N J B I W K O A Y C L J G M
F A N S E L W P R N T S U K S U H S Z
Q M H N G D S F D S K A R T R C P O B
G E L B E K A R T E D A N A E N I E E
E D A G K P X T J G F W E X T F Q P I
S D X A C Y X U N T V A C P S C Y H N
U F U T H W X U T N R F U Z I K Z B A
N G O B V U Z R C Y Y Z M V E Y F A P
D D T P L T A J E H Y W D S M D G V U
H Y U F E I O D F N M Q C F U T T U A
E M P L N M R U P V T M D X X L E E W
I A R I Z H R G F T G T V H W E J O G
T E N R B G W W R E T S I E M T L E W
V G S S D Q I Q C L Q N H C T U W B W

13

VERLETZUNG
MEISTERSCHAFT
ENTSCHEIDUNG
GELBEKARTE
FANS

SHOUTOUT
SPIELSTAND
WELTMEISTER
GESUNDHEIT
KRAFTTRAINING

Lösung

I M V Y G F P M S K D V C L L Q W Q U

P I O C N E M E Q A O V R Q K N V P C

F N O E U J H V H T W W V H P Q W M L

N E N M D Z J B X N O W H S K D E U R

S C K N I X T S X Y J Y Y A N L W A V

Y R F D E B S U G T P X B A Y I Q N B

C U S A H U U H V K J A T Z T H L W A

F N J B C T C N O O S S D X F M O P N

U J C D S O X G Q U L W N J A S N M V

V D Z H T R K I R E T U P F H R A N X

Y E Y B N N J B I W K O A Y C L J G M

F A N S E L W P R N T S U K S U H S Z

Q M H N G D S F D S K A R T R C P O B

G E L B E K A R T E D A N A E N I E E

E D A G K P X T J G F W E X T F Q P I

S D X A C Y X U N T V A C P S C Y H N

U F U T H W X U T N R F U Z I K Z B A

N G O B V U Z R C Y Y Z M V E Y F A P

D D T P L T A J E H Y W D S M D G V U

H Y U F E I O D F N M Q C F U T T U A

E M P L N M R U P V T M D X X L E E W

I A R I Z H R G F T G T V H W E J O G

T E N R B G W W R E T S I E M T L E W

V G S S D Q I Q C L Q N H C T U W B W

F G J T G B E N T D L Z E Q U E R L U
Y R H L D M Y Q F E Z V K M Y E A F B
W W S W M P T A N X E X A I C D M P N
C R J B W Y Q Z D J I F J B T A D O J
V J F I C S I E G E R E H R U N G Q I
O V I P K J J K T Z B C V Z P U T J Y
K S I X E D D H I S K U F R M O E L N
I G F V U F G J E L G S B L V B Z X P
S G E U P C R V A S L L B Z G F S B F
Y T D T E E H R N D Z E N H A I O Z B
P U N K T E S T A N D I A P N F P D T
S F P D Y X G E G J X M D X K Y Q M L
S X F P O Q O A T J L E Q Q N E Q E T
R D E N O H M F G F M A H N L K D F G
Q R D X M C P F Z U H R G X O C G D K
F V E R W A R N U N G P L I Y O A U Q
T M C G N U T S A L E B W W S H J Q R
X E L J K A P Q R L W Q V L X D L S U
G F Q L M Y W K K K T P T N O L O B E
M I X A Q C V A H W K F K R C E H V T
X D E G L U E C K W U N S C H F F A W
D N Z W T O W I B X F B N L O P U Y C
F C V T R A W R O T M Z E I N R A H W
R E L E I P S M A E T I M S O X H B S

PUNKTESTAND
VERWARNUNG
TEAMSPIELER
TORWART
GLUECKWUNSCH

AUFHOLJAGD
SIEGEREHRUNG
FELDHOCKEY
BELASTUNG
PRAEMIE

Lösung

F	G	J	T	G	B	E	N	T	D	L	Z	E	Q	U	E	R	L	U
Y	R	H	L	D	M	Y	Q	F	E	Z	V	K	M	Y	E	A	F	B
W	W	S	W	M	P	T	A	N	X	E	X	A	I	C	D	M	P	N
C	R	J	B	W	Y	Q	Z	D	J	I	F	J	B	T	A	D	O	J
V	J	F	I	C	S	I	E	G	E	R	E	H	R	U	N	G	Q	I
O	V	I	P	K	J	J	K	T	Z	B	C	V	Z	P	U	T	J	Y
K	S	I	X	E	D	D	H	I	S	K	U	F	R	M	O	E	L	N
I	G	F	V	U	F	G	J	E	L	G	S	B	L	V	B	Z	X	P
S	G	E	U	P	C	R	V	A	S	L	L	B	Z	G	F	S	B	F
Y	T	D	T	E	E	H	R	N	D	Z	E	N	H	A	I	O	Z	B
P	U	N	K	T	E	S	T	A	N	D	I	A	P	N	F	P	D	T
S	F	P	D	Y	X	G	E	G	J	X	M	D	X	K	Y	Q	M	L
S	X	F	P	O	Q	O	A	T	J	L	E	Q	Q	N	E	Q	E	T
R	D	E	N	O	H	M	F	G	F	M	A	H	N	L	K	D	F	G
Q	R	D	X	M	C	P	F	Z	U	H	R	G	X	O	C	G	D	K
F	V	E	R	W	A	R	N	U	N	G	P	L	I	Y	O	A	U	Q
T	M	C	G	N	U	T	S	A	L	E	B	W	W	S	H	J	Q	R
X	E	L	J	K	A	P	Q	R	L	W	Q	V	L	X	D	L	S	U
G	F	Q	L	M	Y	W	K	K	K	T	P	T	N	O	L	O	B	E
M	I	X	A	Q	C	V	A	H	W	K	F	K	R	C	E	H	V	T
X	D	E	G	L	U	E	C	K	W	U	N	S	C	H	F	F	A	W
D	N	Z	W	T	O	W	I	B	X	F	B	N	L	O	P	U	Y	C
F	C	V	T	R	A	W	R	O	T	M	Z	E	I	N	R	A	H	W
R	E	L	E	I	P	S	M	A	E	T	I	M	S	O	X	H	B	S

R	O	L	M	D	F	J	V	V	A	T	I	K	F	R	I	O	D	R
N	R	V	Q	R	Q	O	B	X	L	I	I	F	G	D	P	V	D	V
K	Z	I	I	Q	Q	X	V	F	A	E	W	U	W	E	I	V	U	Y
L	D	M	J	V	T	A	K	T	I	S	C	H	E	S	F	O	U	L
R	P	T	C	S	Z	Q	Z	G	R	E	I	S	V	K	M	S	F	T
L	R	M	N	X	C	Z	R	J	R	E	W	M	P	P	J	E	C	B
X	D	T	J	L	Q	B	O	F	X	C	R	E	P	O	Y	M	B	I
E	G	T	F	P	N	E	P	T	E	D	E	R	Z	Z	G	H	U	E
R	N	D	O	W	W	A	J	C	U	D	T	Y	F	S	E	C	N	E
J	U	N	A	O	S	T	B	D	H	R	H	O	E	E	J	R	D	R
V	T	M	L	Y	G	X	J	M	C	L	C	E	B	I	R	U	E	S
A	S	Y	L	A	E	S	I	J	A	M	I	Q	D	T	E	L	S	A
K	E	V	F	O	W	Q	R	I	L	L	R	D	U	E	N	D	L	T
Q	U	Q	A	P	F	Y	V	S	T	I	S	W	Z	N	N	V	I	Z
Y	R	D	Y	N	U	H	K	S	V	J	D	K	B	L	I	Z	G	S
E	S	C	P	Z	A	I	K	Y	G	M	E	B	M	I	W	Y	A	P
V	U	C	Y	G	L	M	C	X	Y	X	I	B	T	N	E	A	M	I
S	A	C	B	M	Y	U	U	R	N	A	H	O	K	I	G	P	D	E
V	Z	O	K	D	S	Z	T	D	M	I	C	Z	P	E	L	P	F	L
X	T	Z	P	E	Z	M	A	K	S	R	S	U	S	Z	L	L	W	E
C	U	E	H	V	T	K	A	T	N	O	K	L	L	A	B	A	P	R
N	H	Q	A	E	C	N	L	K	N	W	R	Z	K	M	I	U	Q	G
X	C	H	Y	I	G	N	A	C	W	D	U	O	U	C	Z	S	Z	B
C	S	M	B	W	J	C	D	D	J	B	Z	C	V	I	R	F	U	U

15

APPLAUS
ERSATZSPIELER
BUNDESLIGA
BALLKONTAKT
SCHIEDSRICHTER

SEITENLINIE
GEWINNER
SCHUTZAUSRUESTUNG
LAUFWEG
TAKTISCHESFOUL

Lösung

R O L M D F J V V A T I K F R I O D R
N R V Q R Q O B X L I I F G D P V D V
K Z I I Q Q X V F A E W U W E I V U Y
L D M J V T A K T I S C H E S F O U L
R P T C S Z Q Z G R E I S V K M S F T
L R M N X C Z R J R E W M P P J E C B
X D T J L Q B O F X C R E P O Y M B I
E G T F P N E P T E D E R Z Z G H U E
R N D O W W A J C U D T Y F S E C N E
J U N A O S T B D H R H O E E J R D R
V T M L Y G X J M C L C E B I R U E S
A S Y L A E S I J A M I Q D T E L S A
K E V F O W Q R I L L R D U E N D L T
Q U Q A P F Y V S T I S W Z N N V I Z
Y R D Y N U H K S V J D K B L I Z G S
E S C P Z A I K Y G M E B M I W Y A P
V U C Y G L M C X Y X I B T N E A M I
S A C B M Y U U R N A H O K I G P D E
V Z O K D S Z T D M I C Z P E L P F L
X T Z P E Z M A K S R S U S Z L L W E
C U E H V T K A T N O K L L A B A P R
N H Q A E C N L K N W R Z K M I U Q G
X C H Y I G N A C W D U O U C Z S Z B
C S M B W J C D D J B Z C V I R F U U

E	E	X	U	Z	D	Z	S	R	D	I	G	P	W	F	M	X	D	D
L	D	T	Z	O	S	P	I	E	L	F	E	L	D	R	A	N	D	I
F	T	T	R	N	Y	J	B	F	H	G	G	V	C	T	U	A	W	W
M	A	F	R	W	D	O	W	I	I	R	L	E	Q	U	Q	K	K	P
Z	M	M	A	T	C	H	T	Z	K	S	E	R	D	G	E	C	Q	Z
S	E	A	A	T	O	Z	H	M	X	M	J	N	E	R	O	Y	D	R
W	X	P	W	U	R	X	O	R	L	A	B	K	P	G	I	K	X	V
N	Y	E	H	F	J	I	O	K	W	H	R	V	F	U	M	T	I	D
R	B	H	X	U	O	Z	U	I	R	E	X	U	K	L	N	Q	J	N
T	N	Y	M	D	T	B	J	W	U	A	A	H	D	G	O	K	J	L
Q	L	C	L	O	W	J	F	Z	M	V	F	Y	L	N	L	L	T	V
J	O	I	B	Z	J	L	T	B	B	I	F	T	O	I	E	I	T	A
R	K	V	G	K	M	E	I	D	N	C	H	L	O	S	C	B	O	Z
Z	Z	Y	K	K	B	G	W	C	C	V	W	D	H	S	O	G	J	O
S	Q	T	P	A	Z	A	U	M	D	R	Z	C	Z	E	I	H	A	U
Q	R	H	H	Z	E	W	Z	T	G	R	E	A	G	R	B	K	X	N
L	B	N	P	H	R	W	I	J	E	W	P	B	K	P	B	L	F	U
P	W	O	Q	O	S	E	S	G	N	I	Z	E	C	S	J	L	F	O
P	M	H	B	B	Z	C	E	H	G	Z	N	U	L	F	R	D	W	U
N	R	C	O	S	S	A	A	F	A	V	S	H	E	R	R	V	C	L
T	A	A	U	G	L	B	F	L	G	L	O	F	R	E	R	O	T	O
Q	S	A	N	H	O	L	V	C	O	A	S	X	H	O	U	Z	K	Q
S	G	S	C	E	P	U	I	G	Q	H	W	P	S	S	W	L	Q	E
I	X	S	C	F	M	G	I	J	S	Z	G	K	W	A	R	J	C	F

16

SCHLAEGER
AUSZEIT
SPIELFELDRAND
PRESSING
BAHNWECHSEL

EHRENPUNKT
MATCH
GEKREUZTEBAHN
KRAFT
TORERFOLG

Lösung

E E X U Z D Z S R D I G P W F M X D D
L D T Z O S P I E L F E L D R A N D I
F T T R N Y J B F H G G V C T U A W W
M A F R W D O W I I R L E Q U Q K K P
Z M M A T C H T Z K S E R D G E C Q Z
S E A A T O Z H M X M J N E R O Y D R
W X P W U R X O R L A B K P G I K X V
N Y E H F J I O K W H R V F U M T I D
R B H X U O Z U I R E X U K L N Q J N
T N Y M D T B J W U A A H D G O K J L
Q L C L O W J F Z M V F Y L N L L T V
J O I B Z J L T B B I F T O I E I T A
R K V G K M E I D N C H L O S C B O Z
Z Z Y K K B G W C C V W D H S O G J O
S Q T P A Z A U M D R Z C Z E I H A U
Q R H H Z E W Z T G R E A G R B K X N
L B N P H R W I J E W P B K P B L F U
P W O Q O S E S G N I Z E C S J L F O
P M H B B Z C E H G Z N U L F R D W U
N R C O S S A A F A V S H E R R V C L
T A A U G L B F L G L O F R E R O T O
Q S A N H O L V C O A S X H O U Z K Q
S G S C E P U I G Q H W P S S W L Q E
I X S C F M G I J S Z G K W A R J C F

V S N T W H Y Z E D M F B D G E G K Z
W S K L X M R A X D Q U U K R M K Y K
F Q J Z E G I Q D X N B M H Y M C T Q
H R C J N G A D R V L O L R Z T R O G
Z R O S Q M Y N E Y Q S E Y O T M R H
O U I W J T D E I O Q P Z G W W N U P
S I D Q J E A Y V C P I Q V M W E A G
H U Y M N T K L I S B E J O S W M Q R
C X T I M X C J E Y Q L K U D T Z V L
T E L T Y S S U R O H H P M S U P K N
K A A T Z J H U T F U A V P M P L Y N
D E N E G G H F E D L E J J L U O P O
K F E L J G W A L Q D L M S F J P E I
N T P L K J F Y F E S F L U S F B L I
J J U I A R O Z E G F T C E V R W V Y
Z V U N L D Y P L G G E N E N E Y M N
Q O C I S S B G D H K H V M W M Z A P
G V I E R T E L R A U M Y I R Z R O R
Y C R F M P G H S E P L X J E O N X Z
E S Y L A N A R E N E G E G K J H I B
K A Y P I P E N V B H H X N O T B L O
I G D N V O R H A N D R N P R N G B Q
E E N W Z T T H Z K K H Q Q D P D A Q
W A F H E S D N A H E K A H S G K Q O

17

VORHAND
PENALTY
DREIVIERTELFELD
REKORD
SPIELHAELFTE

MITTELLINIE
VIERTELRAUM
SHAKEHANDS
GEGENERANALYSE
TOR

Lösung

V	S	N	T	W	H	Y	Z	E	D	M	F	B	D	G	E	G	K	Z
W	S	K	L	X	M	R	A	X	D	Q	U	U	K	R	M	K	Y	K
F	Q	J	Z	E	G	I	Q	D	X	N	B	M	H	Y	M	C	T	Q
H	R	C	J	N	G	A	D	R	V	L	O	L	R	Z	T	R	O	G
Z	R	O	S	Q	M	Y	N	E	Y	Q	S	E	Y	O	T	M	R	H
O	U	I	W	J	T	D	E	I	O	Q	P	Z	G	W	W	N	U	P
S	I	D	Q	J	E	A	Y	V	C	P	I	Q	V	M	W	E	A	G
H	U	Y	M	N	T	K	L	I	S	B	E	J	O	S	W	M	Q	R
C	X	T	I	M	X	C	J	E	Y	Q	L	K	U	D	T	Z	V	L
T	E	L	T	Y	S	S	U	R	O	H	H	P	M	S	U	P	K	N
K	A	A	T	Z	J	H	U	T	F	U	A	V	P	M	P	L	Y	N
D	E	N	E	G	G	H	F	E	D	L	E	J	J	L	U	O	P	O
K	F	E	L	J	G	W	A	L	Q	D	L	M	S	F	J	P	E	I
N	T	P	L	K	J	F	Y	F	E	S	F	L	U	S	F	B	L	I
J	J	U	I	A	R	O	Z	E	G	F	T	C	E	V	R	W	V	Y
Z	V	U	N	L	D	Y	P	L	G	G	E	N	E	N	E	Y	M	N
Q	O	C	I	S	S	B	G	D	H	K	H	V	M	W	M	Z	A	P
G	V	I	E	R	T	E	L	R	A	U	M	Y	I	R	Z	R	O	R
Y	C	R	F	M	P	G	H	S	E	P	L	X	J	E	O	N	X	Z
E	S	Y	L	A	N	A	R	E	N	E	G	E	G	K	J	H	I	B
K	A	Y	P	I	P	E	N	V	B	H	H	X	N	O	T	B	L	O
I	G	D	N	V	O	R	H	A	N	D	R	N	P	R	N	G	B	Q
E	E	N	W	Z	T	T	H	Z	K	K	H	Q	Q	D	P	D	A	Q
W	A	F	H	E	S	D	N	A	H	E	K	A	H	S	G	K	Q	O

L	A	H	M	D	D	S	K	F	T	N	P	Z	F	U	C	G	A	A
U	V	E	J	R	I	N	S	M	K	H	I	D	J	K	H	L	U	H
J	X	D	N	X	U	N	A	M	U	O	Q	V	J	N	W	Z	S	D
S	T	Y	A	E	P	A	Z	H	X	W	P	A	E	E	K	O	S	Y
T	H	H	U	G	U	C	G	N	K	A	J	G	G	T	D	J	E	C
O	X	P	K	A	L	B	F	C	G	C	A	H	L	S	S	F	N	W
P	N	B	A	J	B	A	I	A	N	L	A	O	R	R	W	O	B	F
P	Y	M	M	Q	T	N	N	R	R	G	N	B	Y	C	N	A	A	Z
E	E	A	F	E	W	S	H	E	T	H	N	A	N	J	Q	I	H	I
R	E	N	Q	V	U	U	D	H	P	B	V	L	Q	I	P	A	N	T
B	P	S	J	O	H	E	H	X	I	N	S	K	W	A	K	F	E	F
W	J	T	U	H	I	X	B	S	M	C	Z	I	V	H	S	N	X	G
S	M	O	T	N	B	L	H	V	W	I	Q	L	T	I	X	N	J	U
P	I	S	C	D	F	W	P	Q	O	V	V	D	C	G	X	N	O	R
I	T	S	B	F	D	V	I	Q	Z	R	L	O	U	W	N	C	X	M
E	H	L	U	O	F	V	I	S	N	E	F	F	O	V	B	A	U	P
L	P	P	T	P	D	M	M	H	G	K	A	L	O	O	N	D	Q	C
S	G	M	B	R	Y	M	L	S	Y	M	C	Q	A	L	B	T	X	U
T	Z	M	E	P	D	E	I	T	V	J	H	B	L	W	Q	M	H	D
R	R	Y	D	W	L	E	F	V	N	Q	F	D	M	O	J	T	Q	C
A	W	F	E	L	R	G	E	S	I	C	H	T	S	M	A	S	K	E
F	G	T	F	P	A	N	B	A	I	A	W	Q	J	H	X	E	E	R
E	I	A	T	K	A	W	W	Q	F	D	G	D	N	Z	S	L	T	M
Y	I	L	Z	Z	S	E	E	L	A	X	T	O	F	A	X	O	P	E

TRIBUENE
OFFENSIVFOUL
SPIELSTRAFE
BACKHAND
STOPPER

AUSSENBAHN
GESICHTSMASKE
ANSTOSS
PREISGELD
NIEDERLAGE

Lösung

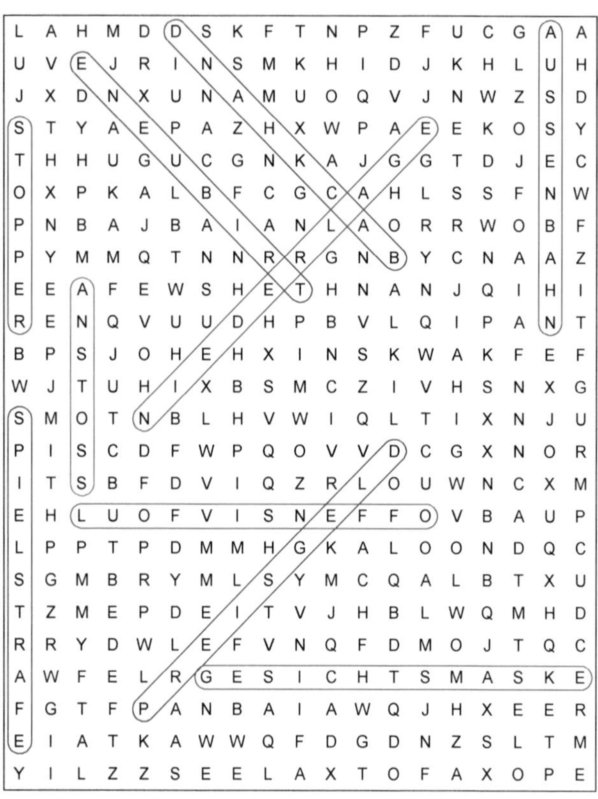

L	A	H	M	D	D	S	K	F	T	N	P	Z	F	U	C	G	A	A
U	V	E	J	R	I	N	S	M	K	H	I	D	J	K	H	L	U	H
J	X	D	N	X	U	N	A	M	U	O	Q	V	J	N	W	Z	S	D
S	T	Y	A	E	P	A	Z	H	X	W	P	A	E	E	K	O	S	Y
T	H	H	U	G	U	C	G	N	K	A	J	G	G	T	D	J	E	C
O	X	P	K	A	L	B	F	C	G	C	A	H	L	S	S	F	N	W
P	N	B	A	J	B	A	I	A	N	L	A	O	R	R	W	O	B	F
P	Y	M	M	Q	T	N	N	R	R	G	N	B	Y	C	N	A	A	Z
E	E	A	F	E	W	S	H	E	T	H	N	A	N	J	Q	I	H	I
R	E	N	Q	V	U	U	D	H	P	B	V	L	Q	I	P	A	N	T
B	P	S	J	O	H	E	H	X	I	N	S	K	W	A	K	F	E	F
W	J	T	U	H	I	X	B	S	M	C	Z	I	V	H	S	N	X	G
S	M	O	T	N	B	L	H	V	W	I	Q	L	T	I	X	N	J	U
P	I	S	C	D	F	W	P	Q	O	V	V	D	C	G	X	N	O	R
I	T	S	B	F	D	V	I	Q	Z	R	L	O	U	W	N	C	X	M
E	H	L	U	O	F	V	I	S	N	E	F	F	O	V	B	A	U	P
L	P	P	T	P	D	M	M	H	G	K	A	L	O	O	N	D	Q	C
S	G	M	B	R	Y	M	L	S	Y	M	C	Q	A	L	B	T	X	U
T	Z	M	E	P	D	E	I	T	V	J	H	B	L	W	Q	M	H	D
R	R	Y	D	W	L	E	F	V	N	Q	F	D	M	O	J	T	Q	C
A	W	F	E	L	R	G	E	S	I	C	H	T	S	M	A	S	K	E
F	G	T	F	P	A	N	B	A	I	A	W	Q	J	H	X	E	E	R
E	I	A	T	K	A	W	W	Q	F	D	G	D	N	Z	S	L	T	M
Y	I	L	Z	Z	S	E	E	L	A	X	T	O	F	A	X	O	P	E

DAS

SKI SPORT

WORTSUCHRÄTSEL BUCH

K	A	B	N	U	E	L	T	X	N	H	X	M	T	Q	K	I	W	A
U	H	X	B	L	G	C	X	B	O	J	D	L	C	O	E	B	N	I
E	C	W	K	A	Y	K	G	K	A	N	P	A	E	X	W	I	V	Q
Y	T	H	L	E	H	V	Z	B	H	O	R	K	X	K	X	C	T	T
U	V	H	S	B	X	B	H	O	B	V	E	S	H	K	P	U	A	I
B	G	I	Q	L	N	K	R	Q	I	S	T	I	C	I	N	P	H	T
O	C	U	O	N	E	P	T	N	O	I	G	C	S	V	O	L	O	I
Q	Y	E	Z	O	N	J	G	J	U	M	U	T	I	E	O	R	W	K
U	D	T	L	I	P	U	K	N	A	N	E	E	X	I	Z	S	Q	M
R	O	K	J	T	L	R	A	M	V	N	J	W	Z	S	U	U	A	P
S	K	P	Z	A	D	R	E	I	S	E	C	H	Z	I	G	E	R	W
U	K	N	I	L	K	U	C	A	U	A	G	B	Y	E	H	O	S	E
I	K	I	R	U	A	A	U	V	B	H	H	B	I	W	J	Y	M	L
F	M	S	A	G	P	A	K	A	J	Z	C	R	T	B	W	E	B	T
R	S	Z	Q	N	A	F	H	H	N	C	V	Z	R	O	V	E	I	K
W	M	N	W	A	F	U	A	L	G	N	A	L	I	K	S	A	X	L
D	Z	C	G	U	Z	A	U	L	I	A	F	G	Y	X	P	H	K	A
A	S	R	Z	J	X	Y	E	Y	J	N	S	K	I	S	Z	P	G	S
U	J	F	A	R	L	O	C	N	Y	Q	B	H	T	X	I	O	Y	S
L	W	P	J	R	N	W	E	E	G	T	W	I	S	T	E	R	U	E
M	A	K	O	R	D	O	E	K	W	E	T	C	S	E	H	T	U	L
L	X	B	L	B	F	C	D	R	D	S	R	O	R	A	W	Z	B	O
L	U	U	H	D	C	N	A	R	Y	S	E	C	C	G	E	U	B	B
O	X	P	G	A	D	E	Z	H	W	D	K	M	T	H	G	U	A	G

SKILANGLAUF
TROPHAEE
PISTENSAU
SKIANFAENGER
CARVING SKIS

DREISECHZIGER
ZIEHWEG
WELTKLASSE
ANGULATION
TWISTER

Lösung

K A B N U E L T X N H X M T Q K I W A

U H X B L G C X B O J D L C O E B N I

E C W K A Y K G K A N P A E X W I V Q

Y T H L E H V Z B H O R K X K X C T T

U V H S B X B H O B V E S H K P U A I

B G I Q L N K R Q I S T I C I N P H T

O C U O N E P T N O I G C S V O L O I

Q Y E Z O N J G J U M U T I E O R W K

U D T L I P U K N A N E E X I Z S Q M

R O K J T L R A M V N J W Z S U U A P

S K P Z A D R E I S E C H Z I G E R W

U K N I L K U C A U A G B Y E H O S E

I K I R U A A U V B H H B I W J Y M L

F M S A G P A K A J Z C R T B W E B T

R S Z Q N A F H H N C V Z R O V E I K

W M N W A F U A L G N A L I K S A X L

D Z C G U Z A U L I A F G Y X P H K A

A S R Z J X Y E Y J N S K I S Z P G S

U J F A R L O C N Y Q B H T X I O Y S

L W P J R N W E E G T W I S T E R U E

M A K O R D O E K W E T C S E H T U L

L X B L B F C D R D S R O R A W Z B O

L U U H D C N A R Y S E C C G E U B B

O X P G A D E Z H W D K M T H G U A G

L X T D S B Y M A K L E E X R N D O U
M B Y Q T C R E U Q E A O B E C P A U
H Y B Q L B C D E E T S M X P O C J I
T A P Q J H Y R A J H J G D A G X Z N
B N O R D I C J U A E O O H G F M N O
G A D R H Q G G T Q Q L H Y U C V H X
N C M E R R N I O G Y E B K H E Z D C
V V G J A N U E K R U B I X T Z G C H
E J A I J Z R Q I F P S E J H W N J F
B U X J S O H S N Y U E G W M M U X J
J Y E K Q I E T E O P A E L Q Z Z G V
E S R E V E R I T O W R L F A E T T O
P L Y G F F E A I N R A I I N T E A O
W E K O V L G F K Q R U N T K S L B M
H N Z L F S E K S C K N I F K S R C Q
I E V P Y M I G K X V P E X F K E L G
I X F I B G S E I U T B C B E U V I X
H Z A I Q X D W B C Q K T A V D T X O
Y X O L I S N I E T T E U H M L A E W
E X Z I Q Z A N Z C V J W S T B H E G
P W Q H N Q V N W H Z K I L B Y E Q E
L P J O U O H B N F T N B Y I B P R O
N E S R I K C P T W M E M P I L H M J
G C B R R E T P O K I L E H G K H Q O

BIEGELINIE
SIEGEREHRUNG
VERLETZUNG
AUTOKINETIKSKI
ALMHÜTTE
HELIKOPTER
REVERSE CAMBER
GEWINN
GAPER
NORDIC SKILAUF

Lösung

L	X	T	D	S	B	Y	M	A	K	L	E	E	X	R	N	D	O	U
M	B	Y	Q	T	C	R	E	U	Q	E	A	O	B	E	C	P	A	U
H	Y	B	Q	L	B	C	D	E	E	T	S	M	X	P	O	C	J	I
T	A	P	Q	J	H	Y	R	A	J	H	J	G	D	A	G	X	Z	N
B	N	O	R	D	I	C	J	U	A	E	O	O	H	G	F	M	N	O
G	A	D	R	H	Q	G	G	T	Q	Q	L	H	Y	U	C	V	H	X
N	C	M	E	R	R	N	I	O	G	Y	E	B	K	H	E	Z	D	C
V	V	G	J	A	N	U	E	K	R	U	B	I	X	T	Z	G	C	H
E	J	A	I	J	Z	R	Q	I	F	P	S	E	J	H	W	N	J	F
B	U	X	J	S	O	H	S	N	Y	U	E	G	W	M	M	U	X	J
J	Y	E	K	Q	I	E	T	E	O	P	A	E	L	Q	Z	Z	G	V
E	S	R	E	V	E	R	I	T	O	W	R	L	F	A	E	T	T	O
P	L	Y	G	F	F	E	A	I	N	R	A	I	I	N	T	E	A	O
W	E	K	O	V	L	G	F	K	Q	R	U	N	T	K	S	L	B	M
H	N	Z	L	F	S	E	K	S	C	K	N	I	F	K	S	R	C	Q
I	E	V	P	Y	M	I	G	K	X	V	P	E	X	F	K	E	L	G
I	X	F	I	B	G	S	E	I	U	T	B	C	B	E	U	V	I	X
H	Z	A	I	Q	X	D	W	B	C	Q	K	T	A	V	D	T	X	O
Y	X	O	L	I	S	N	I	E	T	T	E	U	H	M	L	A	E	W
E	X	Z	I	Q	Z	A	N	Z	C	V	J	W	S	T	B	H	E	G
P	W	Q	H	N	Q	V	N	W	H	Z	K	I	L	B	Y	E	Q	E
L	P	J	O	U	O	H	B	N	F	T	N	B	Y	I	B	P	R	O
N	E	S	R	I	K	C	P	T	W	M	E	M	P	I	L	H	M	J
G	C	B	R	R	E	T	P	O	K	I	L	E	H	G	K	H	Q	O

E U R Y D R H W S B S Z H Q Y S J Q T
S J J H V D Z X F Z E O I Y Z D S Q P
I F S R L A P Q M J I E P F E K V F O
E G H J P S T K X U L O W U I Y G M X
W B O K C A R K C U B Q F Q O B N W Z
U E P Z C J U Y J G A X P B P W U B F
A L F K I Q S L Y V H K R W S Z R V K
B A L J E Y G Y S I N Q C B W P P V M
H S E X Y O N J P L A J D R X T S O Z
C T X M I V I L F Z F I P J W Q K K F
I U E F Z P R T N N X Q T U I W C O P
W N N J F H E J A A B F A H R T E A E
D G K X B X O C M E H E D I Q D R N I
N S W O T G J B W K Q Z A B E K T M T
A W N O U M I T I L M B S Q E R S G R
S E X A O F K P N H R N F Q L J G W Z
C C V R T Z S O D U E Z X Z I P C T K
N H Z J O C R U G F N M U T P D A E F
A S H L O F B R A G G R M X R T B Y F
H E S Z B P Z R N I G O T Y V N X A Y
A L F Q J I M G G X C D R K G V C C U
U J Q K F Z P C E L C I A J Z X A C E
I K S L A T X C L D Z N Z I O I U F W
W U N A U Y R M N W P B N P Q R P V J

SKIJOERING
SEILBAHN
STRECKSPRUNG
ABFAHRT
SANDWICHBAUWEISE
BELASTUNGSWECHSEL
SHOPFLEXEN
WINDGANGELN
TALSKI
BOOTOUT

Lösung

E	U	R	Y	D	R	H	W	S	B	S	Z	H	Q	Y	S	J	Q	T
S	J	J	H	V	D	Z	X	F	Z	E	O	I	Y	Z	D	S	Q	P
I	F	S	R	L	A	P	Q	M	J	I	E	P	F	E	K	V	F	O
E	G	H	J	P	S	T	K	X	U	L	O	W	U	I	Y	G	M	X
W	B	O	K	C	A	R	K	C	U	B	Q	F	Q	O	B	N	W	Z
U	E	P	Z	C	J	U	Y	J	G	A	X	P	B	P	W	U	B	F
A	L	F	K	I	Q	S	L	Y	V	H	K	R	W	S	Z	R	V	K
B	A	L	J	E	Y	G	Y	S	I	N	Q	C	B	W	P	P	V	M
H	S	E	X	Y	O	N	J	P	L	A	J	D	R	X	T	S	O	Z
C	T	X	M	I	V	I	L	F	Z	F	I	P	J	W	Q	K	K	F
I	U	E	F	Z	P	R	T	N	N	X	Q	T	U	I	W	C	O	P
W	N	N	J	F	H	E	J	A	A	B	F	A	H	R	T	E	A	E
D	G	K	X	B	X	O	C	M	E	H	E	D	I	Q	D	R	N	I
N	S	W	O	T	G	J	B	W	K	Q	Z	A	B	E	K	T	M	T
A	W	N	O	U	M	I	T	I	L	M	B	S	Q	E	R	S	G	R
S	E	X	A	O	F	K	P	N	H	R	N	F	Q	L	J	G	W	Z
C	C	V	R	T	Z	S	O	D	U	E	Z	X	Z	I	P	C	T	K
N	H	Z	J	O	C	R	U	G	F	N	M	U	T	P	D	A	E	F
A	S	H	L	O	F	B	R	A	G	G	R	M	X	R	T	B	Y	F
H	E	S	Z	B	P	Z	R	N	I	G	O	T	Y	V	N	X	A	Y
A	L	F	Q	J	I	M	G	G	X	C	D	R	K	G	V	C	C	U
U	J	Q	K	F	Z	P	C	E	L	C	I	A	J	Z	X	A	C	E
I	K	S	L	A	T	X	C	L	D	Z	N	Z	I	O	I	U	F	W
W	U	N	A	U	Y	R	M	N	W	P	B	N	P	Q	R	P	V	J

P	W	Y	V	L	K	W	Z	F	V	H	T	W	D	G	X	C	X	A
E	G	F	C	M	D	M	V	D	L	T	I	Y	I	S	D	L	W	O
P	S	Q	D	B	D	Y	D	I	U	O	S	U	Z	L	D	F	X	Q
G	I	F	F	E	Y	O	L	U	Y	Z	H	M	G	B	G	T	L	K
U	G	R	C	Y	T	Y	M	D	Z	X	Z	X	E	Z	S	I	D	T
L	C	G	K	N	S	K	I	L	I	F	T	A	T	I	L	N	U	U
F	X	O	X	V	T	F	D	X	Z	T	W	N	H	J	O	F	X	G
P	V	D	V	K	N	Q	S	F	E	Y	A	I	C	I	O	I	W	I
E	V	M	D	S	J	K	F	L	G	L	G	T	J	U	X	N	R	W
E	Y	E	T	Y	P	H	E	N	P	H	I	N	F	Z	T	J	L	B
N	D	Z	I	N	Z	M	I	E	S	K	O	R	S	C	K	Q	N	N
H	T	O	P	I	A	I	C	I	A	I	E	V	I	Q	C	O	A	N
C	J	G	V	R	K	A	D	Y	D	E	Z	Y	E	H	E	P	M	X
S	Q	M	K	S	F	E	X	L	S	E	S	N	G	G	E	M	P	S
W	Q	J	Z	O	R	E	V	T	E	F	B	Q	N	T	T	G	A	W
K	E	K	I	G	I	T	Y	J	N	W	J	E	S	L	M	X	C	S
S	A	J	G	Q	I	L	C	O	E	S	A	I	N	E	D	L	E	T
W	Y	P	R	M	E	N	Z	V	F	L	P	Y	Q	U	R	Q	P	I
G	N	H	J	H	I	I	T	T	N	L	J	W	J	P	P	J	T	X
N	N	D	D	L	U	D	F	E	E	N	X	M	U	R	J	N	Z	D
M	I	K	L	R	K	V	T	K	D	H	G	P	R	O	Z	K	G	S
A	X	F	K	F	P	N	C	T	B	Y	A	G	U	K	P	B	F	T
Z	F	K	I	D	A	U	H	K	A	U	L	F	P	J	J	R	N	W
Q	U	S	N	K	B	A	Y	G	E	O	Q	B	D	D	W	P	J	M

FIS
HIGHSIDER
SKILIFT
KANTENLAENGE
BUCKELPISTE

TELEMARK
FACEPLANT
SCHNEEPFLUG
FREESTYLE SKIING
SIEG

Lösung

P	W	Y	V	L	K	W	Z	F	V	H	T	W	D	G	X	C	X	A
E	G	F	C	M	D	M	V	D	L	T	I	Y	I	S	D	L	W	O
P	S	Q	D	B	D	Y	D	I	U	O	S	U	Z	L	D	F	X	Q
G	I	F	F	E	Y	O	L	U	Y	Z	H	M	G	B	G	T	L	K
U	G	R	C	Y	T	Y	M	D	Z	X	Z	X	E	Z	S	I	D	T
L	C	G	K	N	S	K	I	L	I	F	T	A	T	I	L	N	U	U
F	X	O	X	V	T	F	D	X	Z	T	W	N	H	J	O	F	X	G
P	V	D	V	K	N	Q	S	F	E	Y	A	I	C	I	O	I	W	I
E	V	M	D	S	J	K	F	L	G	L	G	T	J	U	X	N	R	W
E	Y	E	T	Y	P	H	E	N	P	H	I	N	F	Z	T	J	L	B
N	D	Z	I	N	Z	M	I	E	S	K	O	R	S	C	K	Q	N	N
H	T	O	P	I	A	I	C	I	A	I	E	V	I	Q	C	O	A	N
C	J	G	V	R	K	A	D	Y	D	E	Z	Y	E	H	E	P	M	X
S	Q	M	K	S	F	E	X	L	S	E	S	N	G	G	E	M	P	S
W	Q	J	Z	O	R	E	V	T	E	F	B	Q	N	T	T	G	A	W
K	E	K	I	G	I	T	Y	J	N	W	J	E	S	L	M	X	C	S
S	A	J	G	Q	I	L	C	O	E	S	A	I	N	E	D	L	E	T
W	Y	P	R	M	E	N	Z	V	F	L	P	Y	Q	U	R	Q	P	I
G	N	H	J	H	I	I	T	T	N	L	J	W	J	P	P	J	T	X
N	N	D	D	L	U	D	F	E	E	N	X	M	U	R	J	N	Z	D
M	I	K	L	R	K	V	T	K	D	H	G	P	R	O	Z	K	G	S
A	X	F	K	F	P	N	C	T	B	Y	A	G	U	K	P	B	F	T
Z	F	K	I	D	A	U	H	K	A	U	L	F	P	J	J	R	N	W
Q	U	S	N	K	B	A	Y	G	E	O	Q	B	D	D	W	P	J	M

C I B V Q U E J R C J A D S I C I Y A
Z L R U G A H N P O C P C Q A S I R I
B D X O O R I R O R D M A A M H Q E H
W C H J W R L N C N E G X R J L V T U
Q K A Y C E Y J C M A I V M H U P I E
A Y R T C D R O Q P V K S U T Q Z E T
V B S L U L S Y K T O J I G X V V L T
S A C D O H L V E Y I Q E K E D G G E
X Y H Z U C R U I S E X H H S L M N N
H L S Z B A Q J Q V Y B A P E B D R Z
C D C I H E R I F K Q D K R E O Y I A
T T H S I N N D J G A I K O N S O F U
A U N M B B G G M N H X S N I P L L B
C W E F X A H T D W U R C W T M G G E
P W E J V P P I B E T W H V E O K I R
I T A Q U S K W I V V E N Y P Z I F D
L E P Y E X H H D L C Z E J T W G R H
S T F K B A G S C F D B E J D Y P A W
S F Y H C T R C H F O W F Z X X D V S
G A L H Y G D Q O M L F A S M K N M F
Y K F A U L S C H N E E L V C A C R X
G A Y H I D M S K I B E L A G J W D H
T Z T F M Q Q E E I P E Y T I R T X V
F B S U F E T K F Z P N J U R G Z E K

HARSCHSCHNEE
FAULSCHNEE
CRUISE
FIGLFIRNGLEITER
HUETTENZAUBER

SLIPCATCH
SKIBELAG
PREISGELD
SCHNEEFALL
SKIKANONE

Lösung

C I B V Q U E J R C J A D S I C I Y A

Z L R U G A H N P O C P C Q A S I R I

B D X O O R I R O R D M A A M H Q E H

W C H J W R L N C N E G X R J L V T U

Q K A Y C E Y J C M A I V M H U P I E

A Y R T C D R O Q P V K S U T Q Z E T

V B S L U L S Y K T O J I G X V V L T

S A C D O H L V E Y I Q E K E D G G E

X Y H Z U C R U I S E X H H S L M N N

H L S Z B A Q J Q V Y B A P E B D R Z

C D C I H E R I F K Q D K R E O Y I A

T T H S I N N D J G A I K O N S O F U

A U N M B B G G M N H X S N I P L L B

C W E F X A H T D W U R C W T M G G E

P W E J V P P I B E T W H V E O K I R

I T A Q U S K W I V V E N Y P Z I F D

L E P Y E X H H D L C Z E J T W G R H

S T F K B A G S C F D B E J D Y P A W

S F Y H C T R C H F O W F Z X X D V S

G A L H Y G D Q O M L F A S M K N M F

Y K F A U L S C H N E E L V C A C R X

G A Y H I D M S K I B E L A G J W D H

T Z T F M Q Q E E I P E Y T I R T X V

F B S U F E T K F Z P N J U R G Z E K

O	O	T	O	H	D	A	E	I	Q	B	J	L	U	K	P	R	G	S
A	N	H	S	T	Z	E	N	T	D	N	B	X	H	V	E	W	G	R
T	H	O	B	E	R	D	U	N	D	M	C	N	H	D	J	E	X	F
X	N	W	B	C	M	A	R	K	G	H	Q	A	W	B	T	L	R	M
O	C	D	Z	C	U	E	I	M	C	K	K	O	J	M	R	T	T	E
L	G	Y	C	F	B	L	N	N	X	G	P	F	F	U	J	M	H	Z
L	F	G	R	G	F	E	V	W	I	E	Y	D	E	Q	J	E	R	Z
N	Z	Y	Z	W	L	W	H	F	N	N	T	S	I	O	I	I	J	U
A	U	W	Z	L	K	I	P	G	Y	D	G	T	E	P	V	S	M	E
V	L	B	S	V	T	I	A	A	C	Z	K	S	D	I	E	T	J	B
T	J	F	L	E	R	P	U	T	S	B	S	N	G	I	F	E	W	U
A	D	I	O	I	M	Y	D	O	R	O	G	P	B	E	G	R	A	N
N	C	U	L	A	U	O	C	J	V	S	F	H	E	K	R	T	F	G
I	T	B	H	V	N	Z	Q	P	O	X	N	N	R	J	X	A	R	F
I	I	C	Z	S	K	Y	O	I	K	Z	X	E	G	F	U	R	E	J
K	J	Q	P	L	K	E	M	F	J	J	R	N	S	V	W	B	M	T
S	P	K	Q	D	O	I	J	A	B	I	A	V	K	S	R	B	Y	L
W	B	T	A	X	D	F	B	F	N	B	P	N	I	Y	E	G	Q	R
L	M	L	N	N	P	F	M	A	D	G	I	L	U	G	P	W	L	G
Z	W	T	H	K	C	P	O	Y	U	A	T	F	X	C	N	O	I	P
R	C	W	A	W	Y	E	U	M	O	H	S	N	Z	K	K	M	X	I
U	W	V	A	I	O	I	E	Q	P	F	Y	U	T	F	B	K	V	O
K	U	K	L	F	Y	B	O	Z	Z	R	W	D	Q	N	X	L	D	Y
C	E	C	F	E	E	N	H	C	S	D	L	I	W	N	S	V	C	W

CHAMPAGNEPOWDER
BONO
SKIIN
WILDSCHNEE
SKIBAU

BERGSKI
WHITEOUT
WELTMEISTER
UEBUNG
TRAININGSGERAET

Lösung

O	O	T	O	H	D	A	E	I	Q	B	J	L	U	K	P	R	G	S
A	N	H	S	T	Z	E	N	T	D	N	B	X	H	V	E	W	G	R
T	H	O	B	E	R	D	U	N	D	M	C	N	H	D	J	E	X	F
X	N	W	B	C	M	A	R	K	G	H	Q	A	W	B	T	L	R	M
O	C	D	Z	C	U	E	I	M	C	K	K	O	J	M	R	T	T	E
L	G	Y	C	F	B	L	N	N	X	G	P	F	F	U	J	M	H	Z
L	F	G	R	G	F	E	V	W	I	E	Y	D	E	Q	J	E	R	Z
N	Z	Y	Z	W	L	W	H	F	N	N	T	S	I	O	I	I	J	U
A	U	W	Z	L	K	I	P	G	Y	D	G	T	E	P	V	S	M	E
V	L	B	S	V	T	I	A	A	C	Z	K	S	D	I	E	T	J	B
T	J	F	L	E	R	P	U	T	S	B	S	N	G	I	F	E	W	U
A	D	I	O	I	M	Y	D	O	R	O	G	P	B	E	G	R	A	N
N	C	U	L	A	U	O	C	J	V	S	F	H	E	K	R	T	F	G
I	T	B	H	V	N	Z	Q	P	O	X	N	N	R	J	X	A	R	F
I	I	C	Z	S	K	Y	O	I	K	Z	X	E	G	F	U	R	E	J
K	J	Q	P	L	K	E	M	F	J	J	R	N	S	V	W	B	M	T
S	P	K	Q	D	O	I	J	A	B	I	A	V	K	S	R	B	Y	L
W	B	T	A	X	D	F	B	F	N	B	P	N	I	Y	E	G	Q	R
L	M	L	N	N	P	F	M	A	D	G	I	L	U	G	P	W	L	G
Z	W	T	H	K	C	P	O	Y	U	A	T	F	X	C	N	O	I	P
R	C	W	A	W	Y	E	U	M	O	H	S	N	Z	K	K	M	X	I
U	W	V	A	I	O	I	E	Q	P	F	Y	U	T	F	B	K	V	O
K	U	K	L	F	Y	B	O	Z	Z	R	W	D	Q	N	X	L	D	Y
C	E	C	F	E	E	N	H	C	S	D	L	I	W	N	S	V	C	W

V D Q R A V Y O O K S N W J G E B O N
N T C B G G F V O W T M T W E B E M Y
W E P G E I M M H F Y F K D I V V E K
G V I D G Q L T Y O O F A H R T L H V
J X E N G W Y Q E M O B D X A L U G Y
G N V T A F J U A I G O N Q O R S N Q
I M P Z E M L P S R K Z E W X W N U W
Z F H F L K S E C R J H K I I E O T R
H C D Y I F T Q H B R A C K A D W S T
N X M V T P B S A E I O O L G E K E X
D S Y P J Q N T U E I Y L K I L O U G
L N F A D L Z G M N R G F S E N M R O
Q A D T B N U L S H X F E Y K N G S U
A F W N D K U O K C O P E R F E H U T
N M B T Z V I O I S O R N E X W Q A F
C W Q D P A O H S U T V H L Z A U P I
S K N V T D S C L E R O C T V S K I T
K H F G L M O S T N E X S T I Q X I C
L W L K L W H D X D G U V E I E L M K
Y F X M E S T L P I X N X K Q L P J O
M Q L J M G V O G M V G M O G L F G M
U X J S I Z C U T H G X E S C Z B L B
V Y Y E X C I R X J N T Y H M U P A U
F L O V P X S C U D T T Z P H C K O W

OLDSCHOOL
KETTLERY
NEUSCHNEE
OUTFIT
SCHAUMSKIS
YELLOW SNOW
SCHNEEFLOCKEN
AUSRUESTUNG
FANS
WEDELN

Lösung

V D Q R A V Y O O K S N W J G E B O N
N T C B G G F V O W T M T W E B E M Y
W E P G E I M M H F Y F K D I V V E K
G V I D G Q L T Y O O F A H R T L H V
J X E N G W Y Q E M O B D X A L U G Y
G N V T A F J U A I G O N Q O R S N Q
I M P Z E M L P S R K Z E W X W N U W
Z F H F L K S E C R J H K I I E O T R
H C D Y I F T Q H B R A C K A D W S T
N X M V T P B S A E I O O L G E K E X
D S Y P J Q N T U E I Y L K I L O U G
L N F A D L Z G M N R G F S E N M R O
Q A D T B N U L S H X F E Y K N G S U
A F W N D K U O K C O P E R F E H U T
N M B T Z V I O I S O R N E X W Q A F
C W Q D P A O H S U T V H L Z A U P I
S K N V T D S C L E R O C T V S K I T
K H F G L M O S T N E X S T I Q X I C
L W L K L W H D X D G U V E I E L M K
Y F X M E S T L P I X N X K Q L P J O
M Q L J M G V O G M V G M O G L F G M
U X J S I Z C U T H G X E S C Z B L B
V Y Y E X C I R X J N T Y H M U P A U
F L O V P X S C U D T T Z P H C K O W

B	E	C	L	L	J	S	L	I	E	O	U	P	F	V	M	L	L	N
Y	K	X	X	J	K	I	Q	L	L	U	A	A	D	J	Z	Z	Q	X
J	R	U	C	F	S	E	D	D	A	I	L	F	Y	N	Q	I	R	U
X	A	I	C	R	A	G	E	Q	H	E	F	D	J	Y	Z	O	L	Q
K	D	O	P	H	B	E	M	M	C	E	F	Y	R	Q	L	E	G	C
A	B	H	A	E	E	S	T	J	I	N	O	X	X	C	Q	L	X	A
E	N	B	H	B	S	W	E	T	P	H	Z	Q	O	U	Y	C	A	O
K	S	C	V	J	Y	I	D	M	P	C	M	D	V	H	O	J	V	F
T	N	Q	M	B	K	L	Q	K	E	S	Y	Z	X	E	C	O	C	K
D	W	N	Z	V	S	L	U	M	T	R	Z	I	H	I	O	R	H	A
E	A	W	O	J	K	E	V	F	R	E	A	Z	D	I	T	M	Q	R
N	B	F	V	I	S	D	W	T	E	V	P	A	T	E	R	S	L	V
B	F	U	W	M	T	B	E	H	B	L	O	C	M	E	K	J	C	C
X	A	A	E	Q	I	A	N	X	U	U	O	Q	G	Q	A	K	Z	I
P	H	L	I	W	H	R	V	U	A	P	L	E	J	O	B	M	V	E
Y	R	G	T	Y	I	K	S	I	Z	B	L	Y	T	A	V	L	G	Q
P	T	N	S	V	M	G	F	T	T	S	X	P	L	B	E	D	Y	V
G	S	A	P	N	U	U	T	V	U	O	J	Y	Y	A	B	K	G	D
W	H	L	R	S	R	M	Z	A	V	O	M	S	F	F	C	F	M	R
V	O	I	U	W	E	Z	U	C	N	S	V	N	Z	C	D	J	A	S
Y	C	K	N	J	G	T	Q	W	V	S	U	R	L	Q	J	U	R	Z
M	K	S	G	J	Y	Y	P	Z	M	J	K	X	L	M	D	G	V	T
J	E	L	A	W	I	N	E	N	A	I	R	B	A	G	T	X	I	Z
Z	U	D	E	S	I	K	C	O	Z	G	Q	M	Y	J	K	Y	C	G

ABFAHRTSHOCKE
AUSLEGER
ZAUBERTEPPICH
FALL
SKI WEITSPRUNG
PULVERSCHNEE
LAWINENAIRBAG
SKILANGLAUF
MOTIVATION
SIEGESWILLE

Lösung

B	E	C	L	L	J	S	L	I	E	O	U	P	F	V	M	L	L	N
Y	K	X	X	J	K	I	Q	L	L	U	A	A	D	J	Z	Z	Q	X
J	R	U	C	F	S	E	D	D	A	I	L	F	Y	N	Q	I	R	U
X	A	I	C	R	A	G	E	Q	H	E	F	D	J	Y	Z	O	L	Q
K	D	O	P	H	B	E	M	M	C	E	F	Y	R	Q	L	E	G	C
A	B	H	A	E	E	S	T	J	I	N	O	X	X	C	Q	L	X	A
E	N	B	H	B	S	W	E	T	P	H	Z	Q	O	U	Y	C	A	O
K	S	C	V	J	Y	I	D	M	P	C	M	D	V	H	O	J	V	F
T	N	Q	M	B	K	L	Q	K	E	S	Y	Z	X	E	C	O	C	K
D	W	N	Z	V	S	L	U	M	T	R	Z	I	H	I	O	R	H	A
E	A	W	O	J	K	E	V	F	R	E	A	Z	D	I	T	M	Q	R
N	B	F	V	I	S	D	W	T	E	V	P	A	T	E	R	S	L	V
B	F	U	W	M	T	B	E	H	B	L	O	C	M	E	K	J	C	C
X	A	A	E	Q	I	A	N	X	U	U	O	Q	G	Q	A	K	Z	I
P	H	L	I	W	H	R	V	U	A	P	L	E	J	O	B	M	V	E
Y	R	G	T	Y	I	K	S	I	Z	B	L	Y	T	A	V	L	G	Q
P	T	N	S	V	M	G	F	T	T	S	X	P	L	B	E	D	Y	V
G	S	A	P	N	U	U	T	V	U	O	J	Y	Y	A	B	K	G	D
W	H	L	R	S	R	M	Z	A	V	O	M	S	F	F	C	F	M	R
V	O	I	U	W	E	Z	U	C	N	S	V	N	Z	C	D	J	A	S
Y	C	K	N	J	G	T	Q	W	V	S	U	R	L	Q	J	U	R	Z
M	K	S	G	J	Y	Y	P	Z	M	J	K	X	L	M	D	G	V	T
J	E	L	A	W	I	N	E	N	A	I	R	B	A	G	T	X	I	Z
Z	U	D	E	S	I	K	C	O	Z	G	Q	M	Y	J	K	Y	C	G

O	N	J	C	S	P	I	T	Z	K	E	H	R	E	G	K	S	X	U
T	Z	P	E	X	U	P	P	Y	R	W	J	X	I	M	V	W	J	D
D	A	J	V	W	A	M	C	U	V	P	B	O	K	L	S	P	A	D
B	D	S	T	G	L	H	T	N	E	M	N	G	I	L	A	F	P	H
L	D	I	E	S	U	F	Y	J	M	D	L	L	Y	U	F	R	P	A
P	D	D	X	E	H	R	F	Q	D	S	U	N	U	Y	Y	J	W	B
A	Y	E	S	P	O	R	T	L	E	R	N	A	H	R	U	N	G	R
K	F	C	X	L	D	D	F	U	N	C	A	R	V	E	R	G	R	R
W	K	U	B	R	N	V	O	C	C	N	S	G	X	I	B	S	V	O
P	I	T	A	I	O	U	O	E	I	K	U	R	V	P	M	M	T	T
Q	Y	K	U	S	W	T	J	K	J	C	L	M	K	F	P	K	U	A
A	Y	X	M	V	K	O	M	P	A	K	T	S	C	H	N	E	E	N
E	C	L	V	H	O	O	S	K	Y	O	P	D	P	A	V	R	O	P
E	S	I	E	W	U	A	B	N	E	T	S	A	K	M	T	T	I	K
V	I	L	X	A	S	R	E	T	S	I	E	M	I	K	S	X	J	H
P	B	Z	P	F	C	D	A	P	F	D	O	Z	S	E	C	H	P	K
L	I	A	S	S	S	D	V	I	H	U	U	J	S	I	R	G	I	D
C	D	K	Q	X	U	N	G	S	E	W	H	R	F	M	P	T	C	H
V	D	X	Y	I	Y	P	T	P	Z	I	A	Q	K	O	S	K	S	Y
D	Q	U	F	W	G	O	Y	C	S	H	A	T	B	A	Y	Z	N	A
S	E	H	O	X	E	W	C	U	U	D	E	B	N	G	E	O	V	T
Y	G	R	N	I	A	V	H	T	F	M	X	M	D	F	Z	A	L	L
F	A	R	K	Z	L	N	O	D	Y	G	Y	O	I	J	O	Y	U	G
V	O	S	U	G	Y	N	N	R	L	G	B	I	L	R	W	H	T	V

ALIGNMENT
SIDECUT
FUNCARVER
GYMNASTIK
SKIMEISTER
SPORTLERNAHRUNG
KASTENBAUWEISE
DAFFY
KOMPAKTSCHNEE
SPITZKEHRE

Lösung

O	N	J	C	S	P	I	T	Z	K	E	H	R	E	G	K	S	X	U
T	Z	P	E	X	U	P	P	Y	R	W	J	X	I	M	V	W	J	D
D	A	J	V	W	A	M	C	U	V	P	B	O	K	L	S	P	A	D
B	D	S	T	G	L	H	T	N	E	M	N	G	I	L	A	F	P	H
L	D	I	E	S	U	F	Y	J	M	D	L	L	Y	U	F	R	P	A
P	D	D	X	E	H	R	F	Q	D	S	U	N	U	Y	Y	J	W	B
A	Y	E	S	P	O	R	T	L	E	R	N	A	H	R	U	N	G	R
K	F	C	X	L	D	D	F	U	N	C	A	R	V	E	R	G	R	R
W	K	U	B	R	N	V	O	C	C	N	S	G	X	I	B	S	V	O
P	I	T	A	I	O	U	O	E	I	K	U	R	V	P	M	M	T	T
Q	Y	K	U	S	W	T	J	K	J	C	L	M	K	F	P	K	U	A
A	Y	X	M	V	K	O	M	P	A	K	T	S	C	H	N	E	E	N
E	C	L	V	H	O	O	S	K	Y	O	P	D	P	A	V	R	O	P
E	S	I	E	W	U	A	B	N	E	T	S	A	K	M	T	T	I	K
V	I	L	X	A	S	R	E	T	S	I	E	M	I	K	S	X	J	H
P	B	Z	P	F	C	D	A	P	F	D	O	Z	S	E	C	H	P	K
L	I	A	S	S	S	D	V	I	H	U	U	J	S	I	R	G	I	D
C	D	K	Q	X	U	N	G	S	E	W	H	R	F	M	P	T	C	H
V	D	X	Y	I	Y	P	T	P	Z	I	A	Q	K	O	S	K	S	Y
D	Q	U	F	W	G	O	Y	C	S	H	A	T	B	A	Y	Z	N	A
S	E	H	O	X	E	W	C	U	U	D	E	B	N	G	E	O	V	T
Y	G	R	N	I	A	V	H	T	F	M	X	M	D	F	Z	A	L	L
F	A	R	K	Z	L	N	O	D	Y	G	Y	O	I	J	O	Y	U	G
V	O	S	U	G	Y	N	N	R	L	G	B	I	L	R	W	H	T	V

J	V	E	A	G	B	U	E	P	I	B	U	V	B	Q	T	R	L	Y
J	K	B	J	H	E	J	J	N	E	M	P	V	G	I	B	X	R	D
B	L	U	Y	E	O	W	P	Z	X	M	H	K	X	D	B	Y	Q	F
P	E	F	S	U	C	C	F	D	Z	S	A	Z	M	Z	K	C	P	F
S	E	F	R	C	N	F	K	I	X	C	R	U	J	J	C	O	E	Y
C	W	C	F	E	P	K	J	S	H	F	G	N	W	X	C	D	J	Q
X	D	D	P	X	E	L	M	E	P	A	W	P	P	V	S	U	W	L
J	L	I	J	E	H	R	R	F	Q	R	C	P	J	V	L	W	A	R
T	Y	E	H	Y	O	L	I	K	F	D	U	R	X	R	N	J	P	Q
Q	K	W	T	D	H	W	C	D	O	F	A	N	L	F	U	G	S	O
D	I	V	T	O	E	B	S	P	I	D	H	W	G	Y	X	N	L	O
T	E	Y	C	K	Y	K	Z	N	I	N	T	W	H	L	V	I	T	A
C	C	K	O	N	W	O	C	U	O	D	G	X	M	L	L	N	B	V
Y	E	C	K	W	N	J	S	E	O	W	J	W	R	N	G	I	E	E
D	I	C	O	Y	Z	L	H	A	D	A	B	K	M	M	L	A	M	V
J	F	I	Z	M	O	P	A	Q	M	E	Y	L	Z	T	H	R	N	H
J	B	H	G	M	S	I	L	P	Z	I	E	H	A	Y	K	T	J	C
X	D	R	U	A	U	X	K	O	G	L	O	N	J	D	E	T	J	U
V	E	D	Z	O	A	V	G	G	Y	D	J	Q	H	Y	E	F	O	L
B	X	P	N	P	B	P	H	E	O	I	G	O	U	C	I	A	Z	Q
V	J	H	G	J	N	U	X	P	A	A	F	W	T	X	S	R	S	C
W	M	G	N	U	W	H	C	S	R	E	M	M	A	L	K	K	O	I
H	E	E	U	P	Q	C	V	M	F	G	B	Y	E	R	C	E	O	K
G	S	M	H	I	I	E	F	E	I	T	T	U	C	E	D	I	S	O

10

SIDECUTTIEFE
KRAFTTRAINING
BERG
SNOWBLADE
RADIUS

FREERIDING
KLAMMERSCHWUNG
HOCKSPRUNG
KACHERLHOCKE
SCHNEEDECKE

Lösung

J V E A G B U E P I B U V B Q T R L Y
J K B J H E J J N E M P V G I B X R D
B L U Y E O W P Z X M H K X D B Y Q F
P E F S U C C F D Z S A Z M Z K C P F
S E F R C N F K I X C R U J J C O E Y
C W C F E P K J S H F G N W X C D J Q
X D D P X E L M E P A W P P V S U W L
J L I J E H R R F Q R C P J V L W A R
T Y E H Y O L I K F D U R X R N J P Q
Q K W T D H W C D O F A N L F U G S O
D I V T O E B S P I D H W G Y X N L O
T E Y C K Y K Z N I N T W H L V I T A
C C K O N W O C U O D G X M L L N B V
Y E C K W N J S E O W J W R N G I E E
D I C O Y Z L H A D A B K M M L A M V
J F I Z M O P A Q M E Y L Z T H R N H
J B H G M S I L P Z I E H A Y K T J C
X D R U A U X K O G L O N J D E T J U
V E D Z O A V G G Y D J Q H Y E F O L
B X P N P B P H E O I G O U C I A Z Q
V J H G J N U X P A A F W T X S R S C
W M G N U W H C S R E M M A L K K O I
H E E U P Q C V M F G B Y E R C E O K
G S M H I I E F E I T T U C E D I S O

E	R	F	O	S	I	N	R	E	D	N	I	H	D	M	V	X	W	X
K	A	K	J	V	Q	Y	H	X	I	O	E	I	W	O	U	E	R	F
C	V	D	R	I	F	T	E	N	M	Y	H	S	J	U	U	T	X	S
E	S	P	R	U	N	G	C	H	A	N	C	E	X	T	U	K	L	L
R	G	L	L	G	R	B	O	A	S	T	O	I	M	X	P	O	H	H
T	N	L	E	Q	K	Q	W	N	L	Y	L	M	K	S	X	T	L	C
S	I	K	S	K	L	B	Z	A	E	V	R	A	C	Y	D	O	B	U
S	N	X	D	C	N	L	P	T	F	O	U	S	H	U	A	C	B	O
T	U	H	S	Z	H	I	L	B	Y	S	J	C	L	L	H	J	H	T
R	T	T	P	V	X	R	W	N	C	W	P	G	V	N	A	S	V	E
H	N	Y	R	P	E	Y	A	N	Z	K	P	J	B	B	H	R	Z	L
A	E	D	E	Y	N	X	A	N	E	O	R	B	Q	G	V	R	S	B
F	T	D	A	N	I	C	K	G	Z	T	D	H	F	P	W	C	Y	U
B	N	Q	D	U	K	K	E	C	E	H	N	S	O	B	S	J	V	O
A	A	H	E	A	E	L	L	U	X	O	O	A	N	M	V	L	E	D
C	K	R	A	O	F	V	U	G	Z	I	U	C	K	G	H	N	X	P
K	R	E	G	W	J	V	P	M	U	O	B	D	K	J	R	O	B	X
Y	T	G	L	G	N	N	V	I	S	U	M	Z	L	E	W	K	G	M
E	Q	L	E	P	F	Z	E	Z	P	A	F	C	U	U	Q	C	Z	C
K	N	R	Q	S	W	Q	X	C	B	Q	Z	U	J	R	C	M	K	K
M	U	X	W	F	M	K	N	L	Y	H	F	V	J	Z	D	W	U	U
C	L	D	B	R	N	A	R	I	E	D	J	W	R	X	T	E	E	K
Q	T	X	Z	Q	B	O	H	D	K	C	M	T	U	R	N	M	Y	F
C	P	O	W	K	Z	I	C	W	M	T	A	G	X	F	C	V	F	E

ABFAHRTSSTRECKE
KANTENWINKEL
SPREADEAGLE
BODYCARVE
HINDERNIS

DOUBLETOUCH
SPRUNGCHANCE
DRIFTEN
SCHRANZHOCKE
KANTENTUNING

Lösung

E	R	F	O	S	I	N	R	E	D	N	I	H	D	M	V	X	W	X
K	A	K	J	V	Q	Y	H	X	I	O	E	I	W	O	U	E	R	F
C	V	D	R	I	F	T	E	N	M	Y	H	S	J	U	U	T	X	S
E	S	P	R	U	N	G	C	H	A	N	C	E	X	T	U	K	L	L
R	G	L	L	G	R	B	O	A	S	T	O	I	M	X	P	O	H	H
T	N	L	E	Q	K	Q	W	N	L	Y	L	M	K	S	X	T	L	C
S	I	K	S	K	L	B	Z	A	E	V	R	A	C	Y	D	O	B	U
S	N	X	D	C	N	L	P	T	F	O	U	S	H	U	A	C	B	O
T	U	H	S	Z	H	I	L	B	Y	S	J	C	L	L	H	J	H	T
R	T	T	P	V	X	R	W	N	C	W	P	G	V	N	A	S	V	E
H	N	Y	R	P	E	Y	A	N	Z	K	P	J	B	B	H	R	Z	L
A	E	D	E	Y	N	X	A	N	E	O	R	B	Q	G	V	R	S	B
F	T	D	A	N	I	C	K	G	Z	T	D	H	F	P	W	C	Y	U
B	N	Q	D	U	K	K	E	C	E	H	N	S	O	B	S	J	V	O
A	A	H	E	A	E	L	L	U	X	O	O	A	N	M	V	L	E	D
C	K	R	A	O	F	V	U	G	Z	I	U	C	K	G	H	N	X	P
K	R	E	G	W	J	V	P	M	U	O	B	D	K	J	R	O	B	X
Y	T	G	L	G	N	N	V	I	S	U	M	Z	L	E	W	K	G	M
E	Q	L	E	P	F	Z	E	Z	P	A	F	C	U	U	Q	C	Z	C
K	N	R	Q	S	W	Q	X	C	B	Q	Z	U	J	R	C	M	K	K
M	U	X	W	F	M	K	N	L	Y	H	F	V	J	Z	D	W	U	U
C	L	D	B	R	N	A	R	I	E	D	J	W	R	X	T	E	E	K
Q	T	X	Z	Q	B	O	H	D	K	C	M	T	U	R	N	M	Y	F
C	P	O	W	K	Z	I	C	W	M	T	A	G	X	F	C	V	F	E

P T H V V D V Q R X K K J W R I K C X
M Z Y T I T T J J T T N P T Q T R K P
H T E M T G W I P V S D Y R Q A A N V
W W G U L O X Q M Q V Y K R Z I M N E
Y S S S M J C E A W G X V S K Y Z X R
P X U U E Y L U Q S R H U V A N T C L
Y J V W N L X V J L E O C P E O I H I
E J U T R H A F B A I K S E L A S D E
L P I Y P B U L U C W N Q C R T P F R
V Y R R G Z I B Z G Z C S L N M F N E
Z U B E Z Z D D V T I H M O A R L U R
E K Y D Z C C F R N P A M R E B V T V
I N F S Z I X U R A V J R U Q T O G E
E T B G J O I Q M S O E Q Q E J R J F
Y L G A D D M X A K T B R G G I S M N
M M Z J O I M X Z A M S I I F D P T F
X L E S S V O S W C N M B K C P A U Y
O U T E H C E A L F F U A L S W N O U
A J I G O E S M B D W X V B S A N J Y
K J F Q V P H U X G G I S M V E U Z R
C J U J V D N S E L G A K D E C N C P
F U O A R E P A S U W Y E U S H G J T
X G N U V W R X M S G B D Q E T P I O
K B O E E N H C S T S N U K T E Z S C

12

WAECHTE
VORSPANNUNG
SITZMARK
VERLIERER
LAUFFLAECHE
SKIBOARD
APER
KUNSTSCHNEE
WATERRAMP
SKIABFAHRT

Lösung

P T H V V D V Q R X K K J W R I K C X

M Z Y T I T T J J T T N P T Q T R K P

H T E M T G W I P V S D Y R Q A A N V

W W G U L O X Q M Q V Y K R Z I M N E

Y S S S M J C E A W G X V S K Y Z X R

P X U U E Y L U Q S R H U V A N T C L

Y J V W N L X V J L E O C P E O I H I

E J U T R H A F B A I K S E L A S D E

L P I Y P B U L U C W N Q C R T P F R

V Y R R G Z I B Z G Z C S L N M F N E

Z U B E Z Z D D V T I H M O A R L U R

E K Y D Z C C F R N P A M R E B V T V

I N F S Z I X U R A V J R U Q T O G E

E T B G J O I Q M S O E Q Q E J R J F

Y L G A D D M X A K T B R G G I S M N

M M Z J O I M X Z A M S I I F D P T F

X L E S S V O S W C N M B K C P A U Y

O U T E H C E A L F F U A L S W N O U

A J I G O E S M B D W X V B S A N J Y

K J F Q V P H U X G G I S M V E U Z R

C J U J V D N S E L G A K D E C N C P

F U O A R E P A S U W Y E U S H G J T

X G N U V W R X M S G B D Q E T P I O

K B O E E N H C S T S N U K T E Z S C

R	O	G	Y	V	R	H	B	G	P	P	Z	R	Q	F	G	R	X	H
X	R	B	G	Y	Q	V	H	F	D	M	H	S	M	I	E	Q	G	R
R	X	I	N	K	J	M	O	K	H	Z	J	M	L	S	T	N	C	E
M	K	N	I	Y	I	B	B	C	Q	G	P	Q	H	I	S	J	B	R
U	Z	D	N	Q	O	Y	X	A	S	A	D	G	J	T	U	I	C	H
N	Q	N	I	S	Y	F	K	B	W	T	K	H	R	D	W	V	K	E
G	O	A	A	P	C	V	G	O	G	Q	G	U	E	A	K	O	C	L
B	S	S	R	S	Q	C	I	D	Y	B	X	I	K	Y	L	G	Z	I
Z	F	T	T	E	U	S	V	K	Q	E	U	M	O	P	H	L	K	K
A	Z	H	H	A	O	I	E	O	G	M	T	K	R	B	A	I	F	S
Q	P	F	D	Q	A	L	D	R	D	T	P	E	D	B	I	V	M	P
Q	Y	W	N	N	H	C	K	A	X	U	M	E	A	P	O	X	K	Y
O	C	F	S	Q	H	K	A	N	R	M	D	A	W	I	P	O	D	A
Y	E	D	H	S	W	Q	K	V	J	I	X	F	V	O	O	M	N	J
S	L	T	U	L	O	K	X	U	S	O	T	U	N	R	T	G	I	X
J	P	M	Z	B	X	B	O	T	P	T	N	L	D	M	A	L	U	V
V	A	U	M	A	N	V	R	T	J	H	O	I	U	S	Y	T	U	M
Z	W	Z	J	Y	S	A	R	Z	C	U	N	C	S	M	K	E	B	M
F	U	B	Y	Z	P	F	W	S	Y	A	M	Y	Z	S	P	I	C	B
M	F	I	T	S	D	M	C	N	T	Y	F	M	N	H	Y	O	U	B
Q	H	E	L	Z	D	X	B	I	G	I	J	E	I	M	E	A	R	P
G	B	I	O	U	P	Z	O	J	P	E	N	U	I	B	D	Y	L	U
G	D	D	B	O	M	N	Y	Z	P	B	J	D	Q	M	U	S	O	J
E	P	Q	W	G	R	O	S	S	Z	E	H	E	N	K	A	N	T	E

13

KOORDINATION
REKORD
MULTIRADIUS
SKILEHRER
TRAPSLIDE
SKI
TRAINING
BIWAK
GROSSZEHENKANTE
PRAEMIE

Lösung

R	O	G	Y	V	R	H	B	G	P	P	Z	R	Q	F	G	R	X	H
X	R	B	G	Y	Q	V	H	F	D	M	H	S	M	I	E	Q	G	R
R	X	I	N	K	J	M	O	K	H	Z	J	M	L	S	T	N	C	E
M	K	N	I	Y	I	B	B	C	Q	G	P	Q	H	I	S	J	B	R
U	Z	D	N	Q	O	Y	X	A	S	A	D	G	J	T	U	I	C	H
N	Q	N	I	S	Y	F	K	B	W	T	K	H	R	D	W	V	K	E
G	O	A	A	P	C	V	G	O	G	Q	G	U	E	A	K	O	C	L
B	S	S	R	S	Q	C	I	D	Y	B	X	I	K	Y	L	G	Z	I
Z	F	T	T	E	U	S	V	K	Q	E	U	M	O	P	H	L	K	K
A	Z	H	H	A	O	I	E	O	G	M	T	K	R	B	A	I	F	S
Q	P	F	D	Q	A	L	D	R	D	T	P	E	D	B	I	V	M	P
Q	Y	W	N	N	H	C	K	A	X	U	M	E	A	P	O	X	K	Y
O	C	F	S	Q	H	K	A	N	R	M	D	A	W	I	P	O	D	A
Y	E	D	H	S	W	Q	K	V	J	I	X	F	V	O	O	M	N	J
S	L	T	U	L	O	K	X	U	S	O	T	U	N	R	T	G	I	X
J	P	M	Z	B	X	B	O	T	P	T	N	L	D	M	A	L	U	V
V	A	U	M	A	N	V	R	T	J	H	O	I	U	S	Y	T	U	M
Z	W	Z	J	Y	S	A	R	Z	C	U	N	C	S	M	K	E	B	M
F	U	B	Y	Z	P	F	W	S	Y	A	M	Y	Z	S	P	I	C	B
M	F	I	T	S	D	M	C	N	T	Y	F	M	N	H	Y	O	U	B
Q	H	E	L	Z	D	X	B	I	G	I	J	E	I	M	E	A	R	P
G	B	I	O	U	P	Z	O	J	P	E	N	U	I	B	D	Y	L	U
G	D	D	B	O	M	N	Y	Z	P	B	J	D	Q	M	U	S	O	J
E	P	Q	W	G	R	O	S	S	Z	E	H	E	N	K	A	N	T	E

R	B	W	C	N	P	K	T	J	P	I	W	R	I	X	W	J	T	X
E	E	C	H	M	I	A	N	S	N	W	H	O	K	S	J	S	O	V
L	G	S	S	A	R	U	V	G	M	C	Q	I	S	E	F	K	U	R
H	E	V	J	G	G	N	L	G	U	J	Q	O	N	E	L	I	F	B
E	Y	C	P	K	I	B	K	A	Q	H	M	R	E	N	N	O	Z	R
F	U	M	D	N	P	J	M	L	X	V	X	V	N	H	E	U	Y	S
R	G	X	E	N	H	M	G	N	F	D	P	H	N	C	U	T	F	X
E	E	Y	L	G	B	I	U	N	K	M	F	K	I	S	S	V	D	S
G	S	V	E	Y	N	M	A	Q	O	W	X	C	A	Z	C	Y	B	U
N	U	O	A	N	I	A	Q	E	E	B	X	H	P	L	H	N	I	W
E	Q	A	D	F	L	V	W	I	O	R	E	U	Y	U	N	G	I	M
A	U	F	G	L	C	H	S	N	E	H	L	T	M	S	E	G	R	C
F	M	A	I	T	A	B	A	N	E	V	E	T	D	L	E	B	E	X
N	W	S	M	R	L	T	F	C	E	T	H	V	R	A	E	Q	B	R
A	X	S	D	U	V	E	B	R	Q	R	I	T	P	M	C	R	P	L
Q	T	Z	M	R	O	Q	S	C	G	Q	Y	E	C	F	S	G	N	Z
W	T	E	F	B	H	C	T	K	Y	J	M	T	S	S	J	W	L	G
U	N	K	B	H	H	Z	A	Y	D	O	G	F	T	F	K	M	V	X
I	Y	E	J	N	A	K	Z	D	M	J	V	O	C	S	O	D	Z	I
U	L	K	E	A	P	X	O	I	I	D	F	R	G	K	X	T	Y	A
W	C	E	F	U	X	R	J	W	L	B	L	K	B	W	V	J	B	K
F	D	K	O	E	Q	O	Y	I	P	G	Q	R	C	P	D	U	J	M
N	O	I	T	A	N	I	L	K	N	I	P	I	V	S	A	I	D	U
U	J	K	U	A	G	T	S	T	Y	L	A	H	X	D	O	A	J	V

NEUSCHNEE
SKIOUT
PULVERSCHNEE
INKLINATION
SEITENWANGE
TAL
INNENSKI
EISBLUMEN
SULZSCHNEE
ANFAENGERFEHLER

Lösung

R B W C N P K T J P I W R I X W J T X
E E C H M I A N S N W H O K S J S O V
L G S S A R U V G M C Q I S E F K U R
H E V J G G N L G U J Q O N E L I F B
E Y C P K I B K A Q H M R E N N O Z R
F U M D N P J M L X V X V N H E U Y S
R G X E N H M G N F D P H N C U T F X
E E Y L G B I U N K M F K I S S V D S
G S V E Y N M A Q O W X C A Z C Y B U
N U O A N I A Q E E B X H P L H N I W
E Q A D F L V W I O R E U Y U N G I M
A U F G L C H S N E H L T M S E G R C
F M A I T A B A N E V E T D L E B E X
N W S M R L T F C E T H V R A E Q B R
A X S D U V E B R Q R I T P M C R P L
Q T Z M R O Q S C G Q Y E C F S G N Z
W T E F B H C T K Y J M T S S J W L G
U N K B H H Z A Y D O G F T F K M V X
I Y E J N A K Z D M J V O C S O D Z I
U L K E A P X O I I D F R G K X T Y A
W C E F U X R J W L B L K B W V J B K
F D K O E Q O Y I P G Q R C P D U J M
N O I T A N I L K N I P I V S A I D U
U J K U A G T S T Y L A H X D O A J V

P	O	S	I	T	I	O	N	L	S	K	B	O	W	Z	Y	R	S	O
N	P	L	S	M	O	K	J	G	Q	R	H	G	N	E	R	W	X	S
H	B	U	H	U	Q	M	W	O	X	F	M	D	L	J	N	E	L	L
Z	Y	C	P	B	G	Q	I	C	U	U	X	J	H	G	M	O	W	O
M	E	Q	O	K	I	R	O	T	L	F	M	C	X	F	Q	V	A	Y
Z	W	D	T	W	I	A	O	F	A	H	R	F	E	H	L	E	R	Q
T	G	W	E	W	A	G	J	U	N	E	O	P	H	A	L	B	D	U
X	X	Z	O	I	U	P	U	T	N	X	L	Z	R	L	J	B	S	V
O	I	B	E	N	D	T	Z	J	I	D	J	A	A	C	E	J	J	Q
Y	L	D	E	I	S	G	H	F	P	V	I	T	R	L	T	T	G	O
R	W	Z	N	X	S	Y	H	D	O	Y	S	N	S	T	R	L	T	M
M	X	E	H	S	N	T	O	S	V	I	K	T	G	L	N	O	F	J
A	B	B	C	Q	Q	L	A	R	R	S	I	M	U	G	X	E	S	K
N	K	G	S	F	O	T	E	K	E	V	Q	L	H	Y	O	D	Z	X
D	H	G	P	X	V	R	E	T	O	D	G	L	S	H	O	E	M	V
I	K	J	E	G	M	E	V	T	S	I	R	U	A	B	S	M	N	N
Q	O	D	S	M	N	P	I	P	L	I	A	O	D	E	W	Y	H	Q
B	C	A	N	H	J	L	P	J	K	P	R	P	C	L	F	X	F	T
Y	N	O	C	R	E	J	I	A	Q	B	V	K	C	T	J	I	U	Y
H	H	S	I	E	D	V	S	Z	I	S	F	A	B	K	K	J	A	D
E	D	G	K	R	T	W	F	A	H	B	N	Q	P	A	L	B	Y	D
W	G	P	W	B	U	T	N	V	T	M	W	E	P	E	X	S	K	K
C	T	O	G	N	U	D	N	I	B	I	K	S	T	H	Y	Z	V	R
B	R	H	E	G	N	I	N	I	A	R	T	K	I	N	H	C	E	T

15

CORDEROYSNOW
ZENTRALE POSITION
SKIBINDUNG
FAHRFEHLER
SCHNEEKRISTALL
GROUNDING
ABKRISTELN
SCHNEE
STIVOT
TECHNIKTRAINING

Lösung

P O S I T I O N L S K B O W Z Y R S O
N P L S M O K J G Q R H G N E R W X S
H B U H U Q M W O X F M D L J N E L L
Z Y C P B G Q I C U U X J H G M O W O
M E Q O K I R O T L F M C X F Q V A Y
Z W D T W I A O F A H R F E H L E R Q
T G W E W A G J U N E O P H A L B D U
X X Z O I U P U T N X L Z R L J B S V
O I B E N D T Z J I D J A A C E J J Q
Y L D E I S G H F P V I T R L T T G O
R W Z N X S Y H D O Y S N S T R L T M
M X E H S N T O S V I K T G L N O F J
A B B C Q Q L A R R S I M U G X E S K
N K G S F O T E K E V Q L H Y O D Z X
D H G P X V R E T O D G L S H O E M V
I K J E G M E V T S I R U A B S M N N
Q O D S M N P I P L I A O D E W Y H Q
B C A N H J L P J K P R P C L F X F T
Y N O C R E J I A Q B V K C T J I U Y
H H S I E D V S Z I S F A B K K J A D
E D G K R T W F A H B N Q P A L B Y D
W G P W B U T N V T M W E P E X S K K
C T O G N U D N I B I K S T H Y Z V R
B R H E G N I N I A R T K I N H C E T

T	W	E	Z	N	D	F	H	Q	Q	O	I	K	Q	Y	O	O	V	L
A	V	G	G	U	L	D	Y	C	O	L	Z	M	D	N	E	I	W	U
O	L	W	W	L	I	Z	G	S	O	K	Z	Z	N	S	W	V	F	G
K	D	A	J	D	Y	W	X	Y	Y	H	K	T	B	F	R	S	N	V
K	T	V	W	L	P	I	A	S	M	S	W	Y	F	D	O	U	E	E
G	E	O	U	I	Z	F	U	Y	S	J	W	O	Y	W	T	K	I	R
C	U	X	E	G	N	U	G	F	W	M	X	A	A	S	J	K	G	K
X	X	D	E	A	B	E	F	J	P	J	U	I	A	K	S	F	H	A
A	K	I	F	H	B	Q	N	L	X	S	N	L	T	S	I	Q	J	N
Q	G	P	R	A	E	C	R	G	S	T	E	W	E	D	Z	I	N	T
D	E	I	D	F	N	E	O	E	E	B	X	R	J	C	V	Y	Q	E
L	W	X	U	I	L	Z	N	R	O	F	P	P	L	Z	A	B	B	N
D	N	M	O	G	T	S	V	H	Q	A	A	A	E	H	R	V	P	X
Q	X	Z	Y	Z	K	I	J	M	C	P	X	H	K	S	R	I	W	O
Q	D	C	B	I	E	L	M	H	U	S	V	R	R	U	A	S	U	A
S	D	I	I	W	R	O	T	X	K	B	J	Q	R	E	S	A	I	J
T	I	D	S	Y	Y	Y	E	W	F	P	R	H	O	E	A	D	Q	J
I	S	W	Q	A	L	L	T	Y	G	Z	X	H	N	E	O	D	N	Y
S	N	P	U	Y	F	A	V	N	U	B	V	T	R	Q	Z	F	E	I
Q	Y	M	J	L	T	M	M	O	R	X	I	I	B	S	A	N	V	X
E	D	T	F	V	Q	E	V	E	F	F	A	J	T	I	U	A	H	T
Z	G	S	H	S	Y	Z	A	Z	Z	L	C	K	K	T	P	T	U	Q
I	Z	G	M	P	M	R	D	F	K	H	E	E	W	I	V	Z	L	X
K	H	C	M	P	Y	X	I	W	R	X	H	C	D	M	Q	Q	C	C

16

INTERVIEW

FLEX

VERKANTEN

SCHNEEHEXE

APRESSKI

BELASTUNG

FITNESS

LAWINENGEFAHR

AUSSENSKI

AERIAL

Lösung

T W E Z N D F H Q Q O I K Q Y O O V L
A V G G U L D Y C O L Z M D N E I W U
O L W W L I Z G S O K Z Z N S W V F G
K D A J D Y W X Y Y H K T B F R S N V
K T V W L P I A S M S W Y F D O U E E
G E O U I Z F U Y S J W O Y W T K I R
C U X E G N U G F W M X A A S J K G K
X X D E A B E F J P J U I A K S F H A
A K I F H B Q N L X S N L T S I Q J N
Q G P R A E C R G S T E W E D Z I N T
D E I D F N E O E E B X R J C V Y Q E
L W X U I L Z N R O F P P L Z A B B N
D N M O G T S V H Q A A A E H R V P X
Q X Z Y Z K I J M C P X H K S R I W O
Q D C B I E L M H U S V R R U A S U A
S D I I W R O T X K B J Q R E S A I J
T I D S Y Y Y E W F P R H O E A D Q J
I S W Q A L L T Y G Z X H N E O D N Y
S N P U Y F A V N U B V T R Q Z F E I
Q Y M J L T M M O R X I I B S A N V X
E D T F V Q E V E F F A J T I U A H T
Z G S H S Y Z A Z Z L C K K T P T U Q
I Z G M P M R D F K H E E W I V Z L X
K H C M P Y X I W R X H C D M Q Q C C

X	C	N	W	O	V	C	W	J	Z	M	W	D	D	G	W	I	H	Y
M	Z	N	H	K	Z	I	U	H	R	R	E	Q	G	Z	I	R	Y	N
C	T	R	O	P	G	O	K	X	N	N	T	A	S	S	X	O	Q	K
I	Z	V	J	Y	B	F	V	C	L	G	P	L	W	O	R	F	D	C
R	N	I	B	M	G	Q	Z	Y	F	Y	V	F	P	Q	G	U	K	R
G	Z	C	G	K	M	E	E	B	D	K	S	Z	Q	E	A	Z	A	Q
C	N	A	P	R	E	S	S	K	I	P	O	D	N	L	A	X	R	C
N	F	I	V	M	N	U	R	U	E	E	I	F	R	W	K	T	J	G
R	G	Z	N	N	W	G	U	E	N	K	E	A	N	D	L	G	K	L
R	S	L	X	I	X	E	D	M	P	D	D	U	E	Z	E	H	S	G
N	I	V	F	R	A	S	W	U	Q	I	H	H	D	D	I	A	H	X
E	N	G	P	U	K	R	E	H	U	Y	N	E	P	U	N	O	E	Y
E	Z	C	G	I	G	Y	T	S	G	E	W	F	I	C	Z	Y	P	X
N	I	F	I	M	W	B	T	S	N	H	F	V	H	T	E	B	I	Y
J	B	N	K	Y	F	M	K	D	S	Z	G	D	W	U	H	R	T	A
W	G	G	G	Z	L	N	A	T	D	E	A	T	S	H	E	R	V	U
B	M	K	R	A	G	X	M	N	P	Y	N	G	B	W	N	F	G	F
C	L	L	V	L	R	Z	P	O	G	L	E	T	V	N	K	Y	B	S
U	V	S	A	A	J	C	F	Q	V	I	F	P	I	F	A	U	G	T
R	R	A	N	L	F	Y	S	J	E	W	O	X	C	F	N	M	Y	I
H	N	R	I	F	N	W	T	S	J	I	V	L	F	R	T	A	E	E
H	Z	I	X	U	I	T	A	L	C	H	F	J	C	W	E	Z	N	G
N	X	S	P	N	M	E	R	S	G	M	X	Z	T	D	B	Y	C	J
H	K	R	V	Q	I	B	T	P	J	D	V	W	J	O	Z	O	Y	E

17

APRESSKI

AUFSTIEG

FIRN

FITNESSTRAINING

GESUNDHEIT

DUALRADIUS

KLEINZEHENKANTE

WETTKAMPFSTART

DEHNEN

SPEEDSKIING

Lösung

X	C	N	W	O	V	C	W	J	Z	M	W	D	D	G	W	I	H	Y
M	Z	N	H	K	Z	I	U	H	R	R	E	Q	G	Z	I	R	Y	N
C	T	R	O	P	G	O	K	X	N	N	T	A	S	S	X	O	Q	K
I	Z	V	J	Y	B	F	V	C	L	G	P	L	W	O	R	F	D	C
R	N	I	B	M	G	Q	Z	Y	F	Y	V	F	P	Q	G	U	K	R
G	Z	C	G	K	M	E	E	B	D	K	S	Z	Q	E	A	Z	A	Q
C	N	A	P	R	E	S	S	K	I	P	O	D	N	L	A	X	R	C
N	F	I	V	M	N	U	R	U	E	E	I	F	R	W	K	T	J	G
R	G	Z	N	N	W	G	U	E	N	K	E	A	N	D	L	G	K	L
R	S	L	X	I	X	E	D	M	P	D	D	U	E	Z	E	H	S	G
N	I	V	F	R	A	S	W	U	Q	I	H	H	D	D	I	A	H	X
E	N	G	P	U	K	R	E	H	U	Y	N	E	P	U	N	O	E	Y
E	Z	C	G	I	G	Y	T	S	G	E	W	F	I	C	Z	Y	P	X
N	I	F	I	M	W	B	T	S	N	H	F	V	H	T	E	B	I	Y
J	B	N	K	Y	F	M	K	D	S	Z	G	D	W	U	H	R	T	A
W	G	G	G	Z	L	N	A	T	D	E	A	T	S	H	E	R	V	U
B	M	K	R	A	G	X	M	N	P	Y	N	G	B	W	N	F	G	F
C	L	L	V	L	R	Z	P	O	G	L	E	T	V	N	K	Y	B	S
U	V	S	A	A	J	C	F	Q	V	I	F	P	I	F	A	U	G	T
R	R	A	N	L	F	Y	S	J	E	W	O	X	C	F	N	M	Y	I
H	N	R	I	F	N	W	T	S	J	I	V	L	F	R	T	A	E	E
H	Z	I	X	U	I	T	A	L	C	H	F	J	C	W	E	Z	N	G
N	X	S	P	N	M	E	R	S	G	M	X	Z	T	D	B	Y	C	J
H	K	R	V	Q	I	B	T	P	J	D	V	W	J	O	Z	O	Y	E

F	B	K	N	M	E	M	I	B	S	J	S	G	K	T	H	W	N	N
D	W	B	F	Y	Y	X	F	V	U	G	W	C	H	V	Z	G	Y	K
T	M	M	X	F	K	Q	G	X	K	U	A	G	J	G	W	N	J	Q
T	D	Q	Z	D	Y	N	R	F	T	L	N	J	S	A	F	V	O	P
L	O	O	H	C	S	W	E	N	P	I	C	Z	L	H	M	A	U	D
Y	H	D	G	F	X	F	D	M	V	A	D	S	A	K	M	I	F	N
M	U	Q	R	N	D	M	U	R	J	L	F	C	L	X	I	A	Y	U
Y	Z	Z	E	S	O	G	A	M	P	P	D	H	O	M	C	E	N	B
F	G	D	R	D	G	C	Y	A	C	K	I	N	M	Q	T	V	L	J
S	R	T	J	U	K	Y	B	U	O	U	W	E	S	C	H	R	T	N
P	E	L	Z	E	L	K	A	F	M	T	J	E	T	A	C	D	N	S
O	U	M	M	B	S	A	N	K	P	H	R	K	R	P	S	T	N	L
K	A	Z	S	V	Y	I	K	A	T	K	S	R	E	S	N	Q	A	A
N	H	F	M	Q	P	C	I	N	D	I	R	I	C	K	U	L	A	G
W	C	H	R	X	L	A	Y	T	Q	W	T	S	K	I	W	D	I	R
E	S	J	B	C	G	P	R	W	B	P	C	T	E	G	K	S	C	O
U	U	O	E	Q	O	G	H	I	V	X	B	A	N	P	C	R	E	U
A	Z	V	N	H	G	L	X	N	N	U	D	L	S	Y	E	C	Y	N
W	W	J	G	T	C	H	Q	K	M	B	K	L	F	Y	U	J	H	D
C	A	Z	X	B	O	K	D	E	T	H	Q	X	G	V	L	B	Z	I
J	Q	G	O	N	B	F	L	L	O	N	Z	X	W	F	G	D	I	N
P	D	F	B	Z	F	Q	A	A	W	C	L	O	V	G	W	A	M	G
H	P	H	S	S	N	T	H	U	R	H	C	Y	X	Z	Z	X	J	U
P	N	R	U	T	D	C	X	M	P	C	T	S	M	W	S	F	V	D

NEWSCHOOL
CAPSKI
AUFKANTWINKEL
SLALOMSTRECKE
GLUECKWUNSCH

BANK
CARVING
ZUSCHAUER
SCHNEEKRISTALL
GROUNDING

Lösung

F	B	K	N	M	E	M	I	B	S	J	S	G	K	T	H	W	N	N
D	W	B	F	Y	Y	X	F	V	U	G	W	C	H	V	Z	G	Y	K
T	M	M	X	F	K	Q	G	X	K	U	A	G	J	G	W	N	J	Q
T	D	Q	Z	D	Y	N	R	F	T	L	N	J	S	A	F	V	O	P
L	O	O	H	C	S	W	E	N	P	I	C	Z	L	H	M	A	U	D
Y	H	D	G	F	X	F	D	M	V	A	D	S	A	K	M	I	F	N
M	U	Q	R	N	D	M	U	R	J	L	F	C	L	X	I	A	Y	U
Y	Z	Z	E	S	O	G	A	M	P	P	D	H	O	M	C	E	N	B
F	G	D	R	D	G	C	Y	A	C	K	I	N	M	Q	T	V	L	J
S	R	T	J	U	K	Y	B	U	O	U	W	E	S	C	H	R	T	N
P	E	L	Z	E	L	K	A	F	M	T	J	E	T	A	C	D	N	S
O	U	M	M	B	S	A	N	K	P	H	R	K	R	P	S	T	N	L
K	A	Z	S	V	Y	I	K	A	T	K	S	R	E	S	N	Q	A	A
N	H	F	M	Q	P	C	I	N	D	I	R	I	C	K	U	L	A	G
W	C	H	R	X	L	A	Y	T	Q	W	T	S	K	I	W	D	I	R
E	S	J	B	C	G	P	R	W	B	P	C	T	E	G	K	S	C	O
U	U	O	E	Q	O	G	H	I	V	X	B	A	N	P	C	R	E	U
A	Z	V	N	H	G	L	X	N	N	U	D	L	S	Y	E	C	Y	N
W	W	J	G	T	C	H	Q	K	M	B	K	L	F	Y	U	J	H	D
C	A	Z	X	B	O	K	D	E	T	H	Q	X	G	V	L	B	Z	I
J	Q	G	O	N	B	F	L	L	O	N	Z	X	W	F	G	D	I	N
P	D	F	B	Z	F	Q	A	A	W	C	L	O	V	G	W	A	M	G
H	P	H	S	S	N	T	H	U	R	H	C	Y	X	Z	Z	X	J	U
P	N	R	U	T	D	C	X	M	P	C	T	S	M	W	S	F	V	D